Alexandra Reinwarth
Susanne Glanzner

Der Chick Code

Der Chick Code

Das Gesetzbuch für Chicks und den Umgang mit Bros

riva

Bibliografische Information der Deutschen Nationalbibliothek
Die Deutsche Nationalbibliothek verzeichnet diese Publikation in der Deutschen Nationalbibliografie.
Detaillierte bibliografische Daten sind im Internet über http://dnb.d-nb.de abrufbar.

Für Fragen und Anregungen:
alexandrareinwarth@rivaverlag.de

1. Auflage 2011

© 2011 by riva Verlag, ein Imprint der Münchner Verlagsgruppe GmbH
Nymphenburger Straße 86
D-80636 München
Tel.: 089 651285-0
Fax: 089 652096

Alle Rechte, insbesondere das Recht der Vervielfältigung und Verbreitung sowie der Übersetzung, vorbehalten. Kein Teil des Werkes darf in irgendeiner Form (durch Fotokopie, Mikrofilm oder ein anderes Verfahren) ohne schriftliche Genehmigung des Verlages reproduziert oder unter Verwendung elektronischer Systeme gespeichert, verarbeitet, vervielfältigt oder verbreitet werden.

Umschlaggestaltung: Maria Wittek, München
Umschlagabbildung: iStockphoto
Satz: HJR – Jürgen Echter, Landsberg am Lech
Druck: GGP Media GmbH, Pößneck
Printed in Germany

ISBN 978-3-86883-169-6

Weitere Infos zum Thema finden Sie unter
www.rivaverlag.de
Gerne übersenden wir Ihnen unser aktuelles Verlagsprogramm.

*Danke an Barney,
dass er eines Morgens,
als er sich (wie er behauptet)
in aller Stille verdrücken wollte,
während seine Gastgeberin gerade unter der Dusche stand,
den sagenumwobenen rosafarbenen Band entdeckt hat,
in dem unsere eigenen Regeln stehen.*

♥

INHALT

Einführung	9
Was ist ein Chick?	11
Die Anfänge	13
Zum besseren Verständnis: Das Chicktionary	17
Der Chick Code	19
Verstösse	193
Strafmassnahmen	195
Nachwort	197
Danke	199

Einführung

Seit das erste Chick, Eva, wegen extremer Pingeligkeit seitens Gottes mitsamt ihrem Adam aus dem Paradies vertrieben wurde, schaffen sich Chicks ihre ganz eigenen Regeln und Gesetze. Das Wissen um diese Regeln ist nahezu ebenso alt wie die Menschheit selbst. Über Jahre und Jahrmillionen wurde aus dem überlieferten Regelwerk ein Kodex geschliffen, den Chicks weltweit instinktiv befolgen, teilweise ohne sich darüber im Klaren zu sein.

Das komplizierte Regelwerk ist hier erstmals schriftlich festgehalten, auf dass der Kodex noch lange erhalten bleibt. Manche mögen ihm andere Namen geben, wir nennen ihn den *Chick Code*.

Dank aufwendiger Technik und Reisen quer über den Globus ist es gelungen, die Versatzstücke des Chick Code zusammenzutragen und ihn so erstmals schriftlich zugängig zu machen. Nie wieder soll ein Chick angesichts der Frage »Darf ich mit dem Ex eines befreundeten Chicks ins Bett gehen?« verzweifeln.[1] Auch vor dem nächsten Schwierigkeitsgrad: »Und wenn sie gesagt hat, es wäre schon okay?«[2] muss sie keine Angst haben – der Chick Code wird weiterhelfen.

---

1 Nein, natürlich nicht. Es sei denn, er ist Johnny Depp.
2 Auch dann nicht. Unter keinen Umständen. Es sei denn, er ist Johnny Depp.

Was ist ein Chick?

Wer oder was ist aber nun ein Chick, woran erkenne ich ein Chick und ab wann ist ein Chick kein Chick mehr, sondern schlicht ein blödes Huhn?[3]

Es ist ganz leicht, ihr alle kennt mindestens ein Chick.

Es ist die, die im Kindergarten an eurer Seite den Cowboys eins mit der Schaufel übergezogen hat. Die, mit der ihr am Schulklo den Wachstum eures Busens verglichen habt und die den besten Freund eures Schwarms gefragt hat, ob der eine Freundin hat. Die, die zu jeder Uhrzeit an jeden Ort der Welt kommt, wenn ihr untröstlich seid, um euch das zu geben, was ihr gerade am meisten braucht: eine Schulter zum anlehnen, eine Umarmung, Alkohol, Tempos, Schokolade oder ein paar aufmunternde Worte, um zu beschreiben, was für ein dämlicher Vollpfosten er ist. Dabei ist es egal, ob sie am liebsten Klamotten mit Totenköpfen darauf trägt (Sue) oder mexikanische Trachten toll findet (Alex). Chicks gibt es in allen Schattierungen. Wir erkennen ein Chick, wenn wir eins sehen. Hätten Bros eine Vagina, wären sie Chicks. (Haben sie aber nicht. Ätsch.)

Wenn du dich also zwischen diesen Buchdeckeln wiederfindest, bist du vermutlich ein Chick. Falls nicht, bist du wahrscheinlich wahnsinnig niedlich oder ziemlich humorlos – wir sind in beiden Fällen nicht interessiert.

---

[3] Zum Beispiel, wenn sie mit deinem Ex ins Bett steigt. Es sei denn ...

Die Anfänge

Das erste Chick war, wie bereits erwähnt wurde, Eva. Das ist die mit dem Apfel, die, so vermuten Expertinnen, ihrem Adam schlicht zu einer vitaminreicheren Ernährung verhelfen wollte. Weil der Trottel sich aber dabei erwischen ließ, ging prompt das Paradies flöten, und jetzt haben wir den Salat.

Während sich die Herren der Schöpfung von diesem Zeitpunkt an stetig gegenseitig die Köpfe einschlugen, war der weibliche Teil der Bevölkerung darauf angewiesen, irgendwie klarzukommen. Es blieb ihnen schlicht nichts anderes übrig, als das Beste draus zu machen: die Ärmel hochzukrempeln und sich gegenseitig zu helfen. (So ist zumindest *etwas* Gutes aus den Prügeleien von Dick und Doof auf den Schlachtfeldern dieser Welt entstanden.)

Erste schriftliche Erwähnung finden Chicks vermutlich in den Schriftrollen vom Toten Meer. Die Weigerung des Vatikans, die Schriftrollen vom Toten Meer der Öffentlichkeit zugängig zu machen, ist mit größter Wahrscheinlichkeit ein weiteres Zeichen für den Wahrheitsgehalt um die alte Legende, dass auf diesen Rollen eine unbequeme Wahrheit festgehalten ist – das am besten gehütete Geheimnisse der katholischen Kirche: Maria war ein Chick. (Ich bitte Sie: *jungfräuliche Empfängnis* – so was fällt nur einem Chick ein.)

Ein Informant aus Vatikanstaat hat uns, Sue und Alex, einen Teil dieser Schriftrolle abgeschrieben. Warum er das getan hat? Er war ein echtes Side-Chick (siehe männliche Side-Chicks, Artikel 216).

Seitdem hat sich im Großen und Ganzen nicht viel verändert: die Herren schlagen sich immer noch die Köpfe ein – haben jedoch auf dem Bereich der hierfür verwendbaren Werkzeuge große Fortschritte gemacht – und die Chicks unter uns kommen immer noch mit den abenteuerlichsten Ausreden durch.

Fürs Poesiealbum:

Des Chickens Tage sind verflochten,
die schönsten Jungen angefochten,
es trübt sich auch der freiste Blick –
wandelst du einsam und verdrossen,
der Tag verschwindet ungenossen,
so hilft mit einigem Geschick:
dein Chick.[4]

---

4   Sehr, sehr frei nach Johann Wolfgang von Goethe.
Natürlich stellt man sich in diesem Moment die Frage: War Goethe ein Chick? Wir sehen uns in der glücklich Lage, diese langjährige Streitfrage der Geschichtsschreiber nun endlich zu klären:
Nein. Ein derartiges Gejammer, wie der junge Werther gemacht hat, kann nicht von einem Chick stammen. Aber Christiane Vulpius war eins. Goethe war lediglich ein ehrerbietiger Verehrer der Chicks seiner Zeit. Dieses Gedicht zeugt davon.

Zum besseren Verständnis: Das Chicktionary

Einige Ausdrücke, die im Laufe der Lektüre euren Weg kreuzen werden:

Chick	siehe oben
Side-Chick	Engste Vertraute eines Chicks. Ein Chick bildet eine Einheit mit ihrem Side-Chick. Das ist wie mit Schuhen oder Ohrringen: als Paar sind sie vollkommen.
Vollhonk:	Männlich, unattraktiv und erkennt einen Korb nicht, wenn ihn einer am Kopf trifft
Vollpfosten	Attraktiv, interessant, emotional instabil und bricht einem garantiert das Herz.
Sprungbrett	Ein Typ, der so freundlich ist, uns den Abschied aus einer Beziehung zu erleichtern, ohne jedoch »Der Neue« zu werden.
Der Neue	Der, der immer noch da ist, wenn die planmäßige Zeit für Sprungbretter längst überschritten ist.
Blubberwasser	Sekt, Prosecco, Cava, Champagner, Lambrusco Rosé
WooHoo-Girls	Die WooHoo-Girls sind die Strelizien unter den Hühnern. Ein bisschen zu schrill, ein bisschen zu bunt und fallen um jeden Preis auf. Ihre Klamotten sind entweder zu kurz oder zu eng oder zu durchsichtig oder alles zusammen. WooHoos kreischen und giggeln, kichern und kieksen und wenn sie einen Schluck Alkohol getrunken haben, stehen sie kurz darauf auf einem Tisch oder der Box eines Clubs und wackeln mit dem Hintern zur Musik. WooHoo-Girls, auch kurz Woos genannt, ziehen bei

Junggesellinnenabschieden mit einem Stoffpimmel-Stirnband durch die Straßen, WOOOOOOOO!! Sie treten immer im Rudel auf und haben ihren Namen von ihrem Brunftschrei, dem »WOOOOOOOO!!« oder »WOOOOHOOOO!!«, das ausgestoßen wird, um Männchen anzulocken. Dabei werden die Fäuste hoch über die Stinktier-Strähnchenfrisur gestreckt und die Augen zusammengekniffen.
»Wer will noch ein Bier?«
»W O O O O H O O O O ! ! ! ! ! «
»Hey, ich hab zwanzig Cent gefunden.«
»WOOOOHOOOO!!!!!«
Unter gar keinen Umständen ist ein WooHoo mit einem Chick zu verwechseln. Auch nicht, wenn dieses etwas über die Stränge schlägt, »WOOOOHOOOO!!!!« ruft und auf einem Tisch oder einer Box tanzen sollte. Woos sind meist im Rudel unterwegs und nachtaktiv. Während sie tagsüber nicht weiter auffallen, verwandeln sie sich erst mit Einbruch der Dunkelheit zu Woos. Von der Mythologie des Werwolfs abgeleitet, ist dieses Phänomen auch als WooWolf-Syndrom bekannt. Zu erkennen sind WooHoos während des Tages nur, wenn man eine Fotokamera auf sie richtet: dann schürzen sie automatisch die Lippen zu einem künstlichen Kussmund, dem *duck face*, damit es so aussieht, als hätten sie volle Lippen und eine gut definierte Wangenpartie. Wenn du dir unsicher bist, ob du ein WooHoo bist, mach den Test auf Seite 88.
Ein WooHoo-Girl kann mit einiger Anstrengung durchaus ein Chick werden. Allerdings erfordert das Zeit und Geduld. Rom wurde schließlich auch nicht an einem Tag erbaut.

DER CHICK CODE

☞ Artikel 1 ☜

*Mädels vor Männer, Chicks before Dicks, Chicas primero –
es ist ein Gesetz, das auf der ganzen Welt bekannt ist:
Die Verbindung zwischen zwei Frauen wird immer stärker sein
als die Verbindung zwischen einer Frau und einem Mann,
da sie besser kommunizieren können als Männer,
das ist wissenschaftlich erwiesen.*

☞ Artikel 2 ☜

*Chicks haben Katzen als Haustiere.
Dabei handelt es sich um kastrierte, dicke Kater, die dem neuen
Freund mit nur einem Blick zu verstehen geben: Mag sein, dass
sie dich mag, aber sie gehört mir! Und ihm dann bei der ersten
Gelegenheit in die Schuhe an der Garderobe pissen.*

☞ Artikel 3 ☜

*Wenn ein Chick vom Friseur kommt,
beginnt sie sofort damit, sich die Haare zu waschen und
zu stylen, damit sie ungefähr so aussehen wie zuvor.*

☞ Artikel 4 ☜

*Ein Chick wird jederzeit einem anderen Chick
die Haare nach hinten halten, wenn sich diese übergibt.
Von dieser Pflicht ist sie jedoch entbunden, wenn sie über
der Schüssel nebenan kniet.*

☞ Artikel 5 ☜

*Ab dem 29. Geburtstag eines Chicks
werden die Lebensjahre zweijährlich gezählt.
Es wird also nicht dreißig,
sondern zunächst einmal 29b.*

☞ Artikel 6 ☜

*Chicks pupsen nicht.
Niemals. Selbst wenn es sich so anhört.
Chicks haben generell keinerlei Verdauungstätigkeit.*

☞ Artikel 7 ☜

Chicks brauchen kein GPS.
Sie können einfach nach dem Weg fragen!

☞ Artikel 8 ☜

Als Grund oder Inhalt für eine SMS,
eine Mail oder einen Anruf zwischen Chicks ist
»Ich denk an dich« völlig ausreichend.

(Ebenso zulässig sind: »Ich hab dich lieb!« und: »☺« so wie jedes andere Emoticon, das die momentane Befindlichkeit der Senderin ausdrückt.

☞ *Partys* ☜

Die ersten Partys fanden vor circa 790 000 Jahren statt, als ein Vorfahre des Menschen, der Homo erectus, das Feuer beherrschen lernte. Da traf man sich abends zum Mammut-Grillen, die Männer pufften sich gegenseitig in die Seiten und kicherten: »Homo *erectus*, hihihi«, während die Chicks sich darüber unterhielten, wer von den Jungs am wenigsten wie ein Affe aussieht.

Ein paar Hunderttausend Jahre später weisen Höhlenzeichnungen ebenfalls auf gesellige Zusammenkünfte hin und die Funde bearbeiteter Felle in den Schlafhöhlen lassen darauf schließen, dass schon damals die Gäste ihre Jacken auf den Betten der Gastgeber ablegten.

Ägyptologen vermuten, dass einige der Hieroglyphen im Königspalast des Chicks Kleopatra VII. die Vorschriften für festliche Anlässe zum Inhalt haben:

Wer(et)-neb(et)-Chickerugo-achet-seh
(Chicks, die zu viel trinken, sollten danach nicht mehr Auto fahren)

Die ersten Schriften, die sich mit Partys und Chicks beschäftigen, sind aus dem Jahr 1880 und enthalten einen überlieferten Regelkatalog, der in seinen Grundzügen bis heute erhalten ist. Dieser bildet immer noch die Basis für die heutigen Party-Verhaltensmuster der Chicks.

Party-Regeln

1. Der zeitliche Rahmen für ein Erscheinen auf einer Party bewegt sich zwischen 1,5 und 2 Stunden nach Ablauf des offiziell angegebenen Beginns selbiger.
   * Dieses Gesetz tritt nicht in die Kraft, wenn es sich bei der Party um die eigene Party handelt.
   * Eine befristete Ausnahme von dieser Regelung besteht bei Einladungen zu Feierlichkeiten, die eine Menüfolge beinhalten.
2. Jedwede Feierlichkeit beginnt und endet in der Küche.
3. Die Wahl der passenden Garderobe kann bis zu 18 Mal korrigiert werden.
4. Chicks sind dazu verpflichtet, auf einer Party mit einer Gabe zu erscheinen. Zulässige Gaben sind eine Flasche Wein, eine oder mehrere Blumen oder eine Speise. Folgende Gaben sind nicht geeignet:
   * selbst eingeweckte Stachelbeeren,
   * eine Schachtel Weinbrandbohnen,
   * sperrige, unliebsame oder auf dem Weg zur Feier aufgelesene Möbelstücke,
   * sperrige, unliebsame oder auf dem Weg zur Feier aufgelesene Mitmenschen.
5. Entschließt sich ein Chick dazu, eine Speise mitzubringen, so sollte sie das Gericht mitbringen, das es am besten zubereiten kann, auf Komplimente darüber jedoch mit einer wegwerfenden Handbewegung reagieren. *Das war doch NICHTS!* **Zusatz:** Bewegt sich die Koch-Kompetenz im unteren Bereich, wird die mangelnde Qualität mittels Quantität kompensiert (*Badewanne-voll-Nudelsalat-Regel*).
6. Unmittelbar nach der Ankunft sind die vorhandenen Alkoholbestände zu überprüfen. Geben diese Anlass zur Vermutung, es könnte sich um eine nicht ausreichende Menge handeln, ist die mitgebrachte Flasche nicht aus den Händen zu geben.

7. Vor dem Feiern sind die vorhandenen Schlafplätze zu eruieren, um diese im Falle eines übermäßigen Alkoholgenusses zügig aufsuchen zu können.
Zusatz: Fällt die Wahl auf das Bett mit dem Jackenhaufen im Schlafzimmer des Gastgebers, ist vor dem Hineinlegen unbedingt zu überprüfen, ob schon jemand unter selbigem liegt.

8. Ist ein Buffet vorhanden, so empfiehlt sich eine zügige Nahrungsaufnahme, da im angetrunkenen Zustand Essiggürkchen, Krümel und Hackfleischbällchen dazu neigen, ins Dekolleté zu rutschen.
Zusatz: Es gilt jedoch als ungehörig, sich mit einem Stuhl direkt ans Buffet zu setzen.

9. Befindet sich ein Exfreund eines Chicks auf der Party, so haben die anderen Chicks darauf zu achten, dass sich das betreffende Chick diesem nicht in betrunkenem Zustand nähert.

10. Die Badezimmer-/ Toilettentür darf während der Dauer einer Party nur im Fall einer Benutzung derselben geschlossen werden.
Wer bei Verlassen des Badezimmers die Tür schließt und so den Eindruck erweckt, dieses befinde sich im Gebrauch, und somit andere Chicks mit Harndrang dazu nötigt, vor einem/r leeren Badezimmer/Toilette zu warten, wird mit einer Freiheitsstrafe nicht unter zehn Tagen in einer Dixi-Toilettenkabine bestraft.[5]

11. Chicks stürmen sofort die Tanzfläche, wenn ein Chicks-Song (siehe Artikel 70) gespielt wird.

12. Stage-Diving von Möbeln ist zu unterlassen.

13. Das Prinzip des Eigentums verwandelt sich im Laufe einer Party zwischen Chicks in eine Gütergemeinschaft. Darunter fallen Zigaretten, Drinks und die Schminkutensilien der Gastgeberin im Badezimmer.

---

5 Aus: *BGB: Besseres Gesetzbuch*, Knaur, ISBN: 978-3-426-78509-6

14. Vor dem Verlassen einer Party sind einige Dinge zu beachten:
    - Das Austauschen von Telefonnummern mit allen Anwesenden, auch wenn man noch im Moment des Tausches den Namen zur Telefonnummer vergessen hat.
    - Ist ein befreundetes Chick voll wie eine Haubitze, wird sie, je nach Haubitze, nach Hause gebracht oder in ein Taxi gesetzt. Das Side-Chick nennt dem Taxifahrer die Lieferadresse, sieht nach, ob das betrunkene Chick genug Geld im Geldbeutel hat, und bezahlt den Taxifahrer, falls nötig, im Voraus.
15. Im Bedarfsfall ist vor dem Verlassen der Party vom Gastgeber eine Plastiktüte zu erbitten, um die eigene Handtasche vor dem Vollkotzen zu bewahren.

☞ Artikel 9 ☜

Ein Chick denkt an Geburtstage, Jahrestage, Halb-Jahrestage, Valentinstage und alle anderen relevanten Daten in zwischenmenschlichen Beziehungen. Sie ist ja nicht blöd ...

☞ Artikel 10 ☜

Liegt ein Chick wegen Krankheit oder Liebeskummer eingemummelt auf dem Sofa, ist es die Pflicht der anderen Chicks, ihr Hühnersuppe oder irgendein anderes tröstendes Gericht zu bringen.
Jedes Chick sollte mindestens ein Trost-Gericht beherrschen, das sie im Notfall anwenden kann. Der betreffende Notfall wird es ihr danken.
Tröstende Gerichte, eine Auswahl:

- Puten-Sahne-Geschnetzeltes
- Hühnersuppe mit Buchstabennudeln und Fleischklößchen
- Kartoffelbrei mit viel Butter
- Kürbissuppe
- Käsespätzle
- Tiramisu
- Schokopudding
- Apfelpfannkuchen

Artikel 11

*Es gibt nicht »zu viele Schuhe«.
Es gibt nur »zu kleine Schränke«.*

Artikel 12

Chicks befolgen die Satellitenregel.

> **Satellitenregel:**
> Lasse zumindest eine mäßig attraktive Freundin um dich kreisen, auf dass deine Erscheinung umso heller strahle.

Artikel 13

Chicks sagen Ja, wenn sie Ja meinen, und Nein, wenn sie Nein meinen. Wenn sie weder Ja noch Nein sagen, sondern ruhig sind, ist Vorsicht geboten.

Artikel 14

Chicks nörgeln nicht. Sie erinnern nur. Wieder und wieder und wieder. Und wieder.

Artikel 15

Chicks können über vierhunderttausend verschiedene Farbtöne unterscheiden.
Während sich Bros oftmals schwer tun, die Farben Rot und Grün auseinanderzuhalten, sehen Chicks nicht nur Grün, sondern:

Fast-schwarzes-dunkelgrün, hellgrün, blaugrün, türkisgrün, lodengrün, lindgrün, smaragdgrün, Anselm Grün, Mojito-Minzgrün, Stachelbeerpalmengrün, Gebirgsmoosgraugrün, Akkubohrerkoffergrün, Stuttgart21-Protestgrün, Polizeiuniformkackgrün, Rucola-Olivgrün, Waldmeisterwackelpuddinggrün, Marsmännchengrün, helles Rotzgrün, dunkles Rotzgrün, Hulkgrün, Absinthgrün, Ichglaubichmusskotzengrün, Jagdhornhirschgrün, Kunstrasenplastikgrün, Frühlingswiesengrün, Petrolmoosblaugrün, Urlaubsozeantürkisgrün, Yuccapalmendunkelgrün, Essiggurkensenfgrün, Salatgurkenwassergrün, unreife-Paprikagrün, Zucchinigrillgrün, Biotop-Dreckgrün, Schimmelkäsegrün, Brokkoligrün, luftiges Dillgrün, Ampel-Gelbgrün, Peronalausweisgrün, Bio-Lehrer-Sakko-Grün, Stubenfliegen-Schillergrün, Gallgrün, Knallgrün, Gänseblümchengrün, durchsichtiges Glas-Grün, schwarz-weiß Fernseher-Grün, Hulkgrün, Osterhasen-Nestgrasgrün, Alexknirpsschirmgrün, Muppetshowkermitgrün, Wickedhexengrün, Krokodilledertaschengrün, Becksbierflaschengrün, Shrekgrün, Sanchoundpanchogrün, Tinkerbellkleidgrün, Bibiblocksberggrün, Bärlauchpestogrün, Thymianrosmaringrün, Nachtfalterraupengrün, Schildkrötenpanzerbraungrün, Waldlichtungssonnengrün, Granny-Smith-grün, Apfelschnüregrün, Froschgummibärchengrün, Harrypotterzaubertrankgrün ...

☞ Artikel 16 ☜

Ein Chick strengt sich in der Probezeit besonders an. Die Probezeit ist beendet, wenn er das erste Mal »Ich liebe dich« gesagt hat.

☞ Artikel 17 ☜

Ein Chick will nicht versteckt werden, es ist ja kein Osterei – um größeren Ärger zu vermeiden, sollte der neue Freund sie nach spätestens vier Wochen seinen Freunden vorstellen.

☞ Artikel 18 ☜

Sonnenbrillen und Handtaschen sind die einzigen Accessoires, die über keinerlei Maximalgröße verfügen.

> **Hinweis:**
> Und die Pfefferstreuer beim Italiener, diese wiederum gelten jedoch in den meisten Ländern nicht als Accessoires.

☞ Artikel 19 ☜

Ein Chick, das sich zu wenig von ihrem Freund beachtet fühlt, sollte ihren Marktpreis erhöhen. Dazu nutzt sie den Preismechanismus von Angebot und Nachfrage. Das Angebot ist in diesem Fall ihre Präsenz, die Nachfrage seine Aufmerksamkeit. Um ein neues Gleichgewicht herzustellen, verändert das Chick das Angebot ihrer Präsenz, indem sie sich zwei Wochen lang tot stellt.

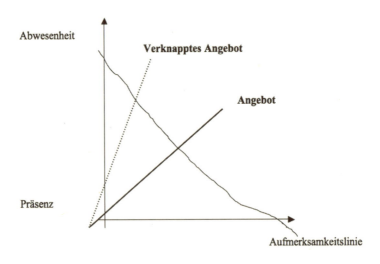

☞ Artikel 20 ☜

Ein Chick weiß, wann es an der Zeit ist, den Mund zu halten. Es kann aber immer passieren, dass ihre innere Uhr falsch geht.

☞ Artikel 21 ☜

Jedes Chick hat mindestens einen ausgeleierten, alten, verfärbten und saubequemen Schlüpfer in der Unterwäscheschublade. Nach Murphys Gesetz trägt ein Chick just diesen Schlüpfer, wenn sie sich für einen spontanen One-Night-Stand entscheidet oder in der Notaufnahme vor einem wahnsinnig attraktiven Arzt landet.

☞ Artikel 22 ☜

Chicks haben aus der Vorzeit ein sicheres Instinkt-Verhalten bewahrt und damit ausgeprägte Reflexe: Ein Frauenarzt, der das Spekulum nicht anwärmt, muss mit einem ebenso spontanen wie herzhaften Tritt vor die Stirn rechnen.

☞ Artikel 23 ☜

Auch wenn die Vorschläge bezüglich einer neuen Frisur, anderer Klamotten und eines Waschbrettbauches darauf hindeuten:
Ein Chick will ihren Freund nicht verändern.
Sie erklärt sich lediglich dazu bereit, ihn zu optimieren.

☞ Artikel 24 ☜

Ein Chick kann zwischen den Zeilen lesen. Sogar Dinge, die da nicht stehen.

Die Bedeutung des Wortes »Nichts«

Kein Wort im Sprachgebrauch eines Chicks wird von einem Mann so häufig missdeutet wie das Wort »Nichts«. Und ebenso häufig ergeben sich daraus, frei nach Joe Black, *Konsequenzen, die in ihrer Endgültigkeit seine Vorstellungskraft bei Weitem übersteigen.*

In der Regel ist »Nichts« eine Antwort auf die vorausgehende Frage »Was ist los?«

Diese Frage, gestellt von dem zuständigen Partner, offenbart allein durch ihre Existenz zwei Dinge:

a) Es könnte sein, dass du sauer bist, sicher bin ich mir aber nicht, *ich kenne dich ja kaum.*

b) Ich habe nicht die geringste Ahnung, was ich angestellt haben könnte.

Die Kombination dieser beiden Aussagen mit vorangegangenem Tatbestand kann ein Chick schon mal die Fassung verlieren lassen.

»Nichts« lässt sich in fünf Hauptbedeutungen unterteilen, diese sind emotional aufsteigend geordnet.

Trennt die folgende Seite heraus und klemmt sie an den Kühlschrank, damit er eine Chance hat, einzuschätzen, was gerade passiert, wenn er mal wieder »Was 'n los?« fragt.

»Nichts« und seine Bedeutungen:

1. Ein fröhliches »Nichts« mit einer leichten Verwunderung im Abklang: Es liegt tatsächlich nichts gegen dich vor, es ist keinerlei Gefahr im Verzug.
2. Eine kurze Pause zwischen der Fragestellung und der Antwort »Nichts« deutet auf eine Überlegung hin, ob deine Tat als »Nichts« bewertet werden kann. Glückwunsch, sie ist zu deinen Gunsten ausgefallen.
3. Bei einem leicht gereizten »Nichts« ist Besänftigung noch möglich, vorausgesetzt, du machst alles durch blöde Rechtfertigungen nicht noch schlimmer.
4. Ist das »Nichts« lauter als erwartet und widmet sie sich direkt danach einer Tätigkeit wie Aufräumen, Putzen oder Hinter-dem-Kühlschrank-Wischen, ist äußerste Vorsicht angesagt. Du solltest sich in diesem Fall ruhig verhalten, nicht im Weg stehen und deine Koffer im Auge behalten: Gewaschene Wäsche kann nämlich sowohl in den Schrank als auch in den Koffer wandern.
5. Ein hysterisch gebrülltes »NICHTS!!!!!« weist auf große emotionale Aufruhr hin und bedeutet nicht »Nichts«. Es bedeutet »die Apokalypse ist nah« und wenn du noch alle Fünfe beisammen hast, schließt du die Wohnungstür von außen und wartest ein paar Stunden, bevor du ihr wieder unter die Augen trittst.
6. Hinweis: Überlege in dieser Zeit, was den Hurrikan ausgelöst haben könnte, und geh dich nicht einfach nur betrinken.

☞ Artikel 25 ☜

Chicks vergessen nie.

☞ Artikel 26 ☜

Chicks bekommen den alten Opel Kadett durch den TÜV.

☞ Artikel 27 ☜

Der Ausdruck »Das chicksche Viertel« *geht auf das alte Recht von Chicks zurück, eine oder mehrere Viertelstunden zu spät zu einem Date zu erscheinen.*

☞ Artikel 28 ☜

Chicks macht man keinen beschissenen Schokoriegel als die längste Praline der Welt vor.

Artikel 29

Chicks tragen keine Saris, auch wenn sie ihn selbst aus dem Urlaub mitgebracht haben.

Artikel 30

Chicks halten Jennifer Aniston für eine Schauspielerin.

Artikel 31

Im Leben jedes Chicks gibt es einen Moment, in dem sie sich vorstellt, in einer Band zu spielen. Meist scheitert die Realisierung jedoch daran, dass man dafür üben muss.

Artikel 32

Die Größe der Füße eines Chicks ist flexibel! Sie hängt mit den verfügbaren Größen der tollen Schuhe im Schaufenster zusammen.

Artikel 33

Chicks ernähren sich bewusst.
Ernährungsregeln:

- Chicks haben einen einzigartigen Stoffwechsel, der bewirkt, dass Big Macs, Döner, Pommes und Cola, die nach alkohollastigen Nächten vor dem Nach-Hause-Gehen konsumiert werden, nicht auf die Kalorienbilanz schlagen.
- Würstchen sind keine getöteten Tiere.
- Die Kalorien von Schokolade, Schokoriegeln und Cheese-&-Onion Chips können durch eine Extra-Portion Obst kompensiert werden.
- Nahrung, die während des Kochens zu sich genommen wird, hat keine Kalorien.
- Chicks können alle lebensnotwendigen Vitamine durch die Mango-Erdbeer-Orangen-Papaya-Shampoos aus dem Body Shop aufnehmen.
- Wenn dunkle Schokolade nur wegen ihrer entgiftenden Wirkung gegessen wird, hat sie keine Kalorien.
- Schokolade ist sehr gesund, denn sie wird aus Kakaobohnen hergestellt. Und Bohnen sind Gemüse, das ist ein wissenschaftlicher Fakt.
- Wenn niemand sieht, dass man Schokolade isst, hat man auch keine Schokolade gegessen.
- Wenn einem Chick die Chips, die Schokolade oder sonst etwas zu essen auf den Boden fällt, so kann dieses noch gegessen werden, solange sie die Fünf-Sekunden-Regel einhält.

> **Fünf-Sekunden-Regel:**
> Jedwedes Essen, das auf den Boden gefallen ist, ist makellos, wenn es innerhalb von fünf Sekunden wieder aufgehoben wird.

☞ Artikel 34 ☜

Chicks sind geborene Innenraumgestalterinnen.

☞ Artikel 35 ☜

Ein Chick weiß während der Fußball-WM über die Abseitsregel Bescheid. Dieses Wissen verfällt jedoch mit dem Schlusspfiff des Endspiels und muss zur nächsten WM wieder aufgewärmt werden.

☞ Artikel 36 ☜

Chicks haben aufgrund einer angeborenen DNA-Dopplung auf dem XL-Gen einen Hang dazu, die Kleidung ihres Freundes zu mopsen.

> **Anmerkung:**
> Sofern er diese nicht sofort zurückfordert, gehen die Dinge automatisch in ihren Besitz über.

Artikel 37

Ein Chick, das nicht hin und wieder über die Stränge schlägt, hat keine Seele.

Artikel 38

Chicks müssen einige grundlegende Kampftechniken beherrschen, die in einer Meinungsverschiedenheit mit ihrem Freund durchaus entscheidend sein können. Dazu zählen:

- Der schwarze Gürtel im Augenverdrehen
- Der doppelte Schulterzucker
- Der eingesprungene Schmetterblick
- Ein Abschluss in »Tagelanges Schweigen«
- Der »Knacker«

Der Knacker stellt einen simulierten Heulkrampf dar und ist eine manipulative Grundfigur. Für einen Knacker begibt sich das Chick in eine stehende, leicht vom Gegner abgewandte Ausgangsposition (1). Beide Hände werden vor das Gesicht gebracht (2), anschließend folgt ein spastisches Zucken mit beiden Schultern gleichzeitig (gleichzeitig ist wichtig!).

Artikel 39

Chicks mögen Pferde, schließlich war ihre erste große Liebe ein Pony.

Artikel 40

Nach einer Trennung geht ein Chick zum Friseur. Der Friseur ist so etwas Ähnliches wie ein Notar.

Artikel 41

Um niemanden zu verletzen, kann ein Chick unangenehme Wahrheiten so subtil ausdrücken, dass niemand versteht, was sie gerade gesagt hat. Nicht mal sie selbst.

Artikel 42

Wenn ein Chick sich beim Autofahren etwas mehr Überblick über die Verkehrssituation verschaffen möchte, lehnt sie sich einfach etwas weiter nach vorne.

☞ Artikel 43 ☜

Chicks kaufen sich Frauenzeitschriften, um zu sehen, was sie anziehen würden, hätten sie:

- einen kleineren Po,
- längere Beine,
- eine größere Oberweite
- oder alles zusammen.

Und wegen der Pröbchen!

☞ Artikel 44 ☜

Das Gesetz der Dreifaltigkeit:
Chicks wissen und bemängeln, dass man nicht alles im Leben haben kann. Im Laufe ihres Lebens lernen sie auf meist unerfreuliche Weise, dass dies auch auf die Partnerwahl zutrifft. Eine alte Weisheit der Hatatumi-Indianerinnen besagt daher:

1. Attraktiv
2. Witzig
3. Emotional stabil

Such dir zwei von dreien aus.

☞ Artikel 45 ☜

Chicks heben sich Miniröcke auf, bis sie wieder in Mode sind. Leider sind sie dann aber oft zu eng.

☞ Artikel 46 ☜

Wenn es der Richtige ist, braucht ein Chick kein Hochzeitskleid und kein Standesamt. Es reichen ein Kaugummiautomatenring und ein High Five.

☞ Artikel 47 ☜

Chicks sind die einzigen Lebewesen, die schlüssig erklären können, warum ein Bikini, der aus nur drei Quadratzentimetern Stoff besteht, 90 Euro kosten kann.

☞ Artikel 48 ☜

Chicks glauben an Häagen-Dazs-Eis.

☞ Artikel 49 ☜

Ein Chick ist jedem Mann körperlich überlegen: Das bestätigt jeder Mann, dem man ein Epiliergerät an die Wade hält.

☞ Artikel 50 ☜

Ein Chick beherrscht die Kunst, an einem überfüllten Strand den nassen Bikini gegen einen trockenen zu wechseln, ohne dass etwas zu sehen ist.

☞ Artikel 51 ☜

Ein Chick kann perfekt Stadtpläne lesen! Es steht nämlich nirgends geschrieben, dass man diese nicht um 180 Grad drehen darf.

☞ Artikel 52 ☜

Chicks haben ein eingebautes GPS, das sofort ausschlägt, wenn sie auf die Autobahn fahren. Dieses Organ befindet sich im Körper direkt neben der Blase.

☞ Artikel 53 ☜

Ist ein Chick versehentlich falsch herum an die Zapfsäule gefahren, zieht sie den Benzinschlauch über das Dach des Autos und tut so, als wäre es volle Absicht gewesen.

☞ Artikel 54 ☜

Natürlich weiß ein Chick, wie man einen Autoreifen wechselt. Sie kann es nur zwischendurch mal vergessen.

☞ Artikel 55 ☜

Jedes Chick besitzt einen Vollpfostenradar, der sofort ausschlägt, wenn ein Herzensbrecher am Horizont auftaucht. Leider funktioniert er nur bei den anderen Chicks und nie bei der Betreffenden selbst.

☞ Artikel 56 ☜

Ein Chick weiß, wenn sie den Mann fürs Leben gefunden hat. Jedes Mal.

☛ Artikel 57 ☚

Beim ersten Besuch eines Typen, der »der Neue« werden könnte, versteckt ein Chick sämtliche Kuscheltiere und Frauenfilme ganz unten im Kleiderschrank. Ist er der Neue, versteckt sie diese nach einer Zeit überhaupt nicht mehr und behauptet, sie wären schon immer da gewesen, er hätte nur nicht richtig hingesehen.

☛ Artikel 58 ☚

Ein Chick liest keine Zeitschriften, die heißen wie ihre Mutter: Brigitte, Tina oder Petra. Aber sie kann ja mal reinblättern.

> **Anmerkung:**
> Gala ist kein in Deutschland gebräuchlicher Vorname und scheidet somit aus der Regelung aus.

☛ Artikel 59 ☚

Chicks mögen Lady Gaga. Egal, ob ihnen die Musik gefällt.

☞ Artikel 60 ☜

Frisch verliebte Chicks befinden sich in einem Zustand geistiger Unzurechnungsfähigkeit, weshalb befreundete Chicks die Pflicht haben, sie davon abzuhalten, dem Neuen dauernd Krimskrams zu kaufen oder Liebesurlaube zu planen.

☞ Artikel 61 ☜

Sollte einem Chick beim Shoppen plötzlich die gewohnte Größe nicht mehr passen, fällt die neue Kollektion einfach zu klein aus.

☞ Artikel 62 ☜

Chicks machen den Liebestest aus der Cosmopolitan – *und kreuzen die Antworten an, die das gewünschte Ergebnis versprechen.*

☞ Artikel 63 ☜

Chicks schaffen es unter 0,1 Sekunden von der Stimmungskanone in die Depression, nur weil irgendein Idiot plötzlich dieses schrecklich traurige Lied mit den vielen Erinnerungen aufgelegt hat.

☞ Artikel 64 ☜

Chicks singen den kompletten Chor von »Oh happy day« alleine, wenn der Postbote das Paket vom Onlineshopping die Treppe nach oben trägt.

☞ Artikel 65 ☜

Nach dem dritten Glas Blubberwasser kann es schon mal passieren, dass ein Chick im Gespräch mit einem attraktiven Fremden vergisst zu erwähnen, dass sie einen Freund hat.

> **Anmerkung:**
> Was nicht heißt, dass dem Freund das auch passieren darf.

☞ Artikel 66 ☜

Chicks verlieren nur Dinge INNERHALB ihrer Handtasche.

☞ Artikel 67 ☜

Chicks besitzen Taschenaschenbecher.

☞ Artikel 68 ☜

Chicks stülpen vorsichtig ein Glas über ein verirrtes Insekt und schieben dann langsam eine Postkarte darunter, um das arme Ding aus ihrer Wohnung zu befördern. Außer nachts. Da tut es auch das Telefonbuch.

ANFORDERUNGEN UND PFLICHTEN

Reden wir nicht um den heißen Brei herum: Es gibt jede Menge Pflichten im Leben eines Chicks – die ER befolgen muss. Aufgelistet sind die Gebote auf zwei alten Steintafeln, die ein ägyptisches Chick von einer Bergtour mitbrachte:

1. DU SOLLST KEINE ANDERE HABEN NEBEN IHR.
2. WENN DES NACHTS EIN MÜCKENTIER EURE SCHLAFSTÄTTE HEIMSUCHT, SO SOLLST DU NICHT RUHEN, EHE DU ES ZERQUETSCHT HAST (Wenn es geht ohne Blutfleck an der Wand).
3. DU SOLLST RENITENTE GURKENGLÄSER ÖFFNEN.
4. SCHELLT ES SONNTAGS FRÜH AN DER TÜR ODER KLINGELT DAS TELEFON, SO SOLLST DU HINGEHEN.
5. DU SOLLST AUF DEM FEUCHTEN FLECK LIEGEN.

6. DU SOLLST DIE VERKRUSTETEN BACKBLECHE SCHRUBBEN.
7. DU SOLLST DEN TELLER AUFESSEN, WENN DAS CHICK ETWAS BESTELLT HAT, WAS IHR NICHT SCHMECKT UND ES IHR ZU PEINLICH IST, DEN HALB VOLLEN TELLER ZURÜCKGEHEN ZU LASSEN.
8. DU SOLLST REPARIEREN.
9. DU SOLLST DEN VIEL ZU GRUSELIGEN, SPANNENDEN HORRORFILM SIMULTAN ERZÄHLEN, WENN SIE DURCH IHRE GESPREIZTEN FINGER NICHT GENUG ERKENNEN KANN.
10. DU SOLLST DAS GRILLFLEISCH DEINES CHICKS NOCH MAL AUF DEN GRILL LEGEN, WENN SIE DAS MÖCHTE.

☞ Artikel 69 ☜

Chicks leben ökologisch bewusst und lassen die Waschmaschine wegen einem einzigen Oberteil nur laufen, wenn sie genau dieses dringend für ein Date heute Abend benötigen.

☞ Artikel 70 ☜

Chick-Songplayliste von Ende November bis zum 28. Dezember:

1. Last Christmas von WHAM
2. Last Christmas von WHAM
3. Last Christmas von WHAM
4. Last Christmas von WHAM
5. Last Christmas von WHAM
6. Last Christmas von WHAM
7. Last Christmas von WHAM
8. Last Christmas von WHAM
9. Last Christmas von WHAM
10. Last Christmas von WHAM

CHICK-CHECK

Erwägt ein Chick in betrunkenem Zustand, einen Typen mit nach Hause zu nehmen, so sind alle übrigen Chicks dazu verpflichtet, den Herrn einem Chick-Check zu unterziehen. Fällt der Test negativ aus, wird eins der Chicks bei ihr schlafen, um sicherzugehen, dass das Hühnchen nicht doch noch mitten in der Nacht zurück in die Disco läuft, um ihm ein »isch schlafe heute bei dir« ins Ohr zu lallen.

Chick-Check:

- Sieht er bei Licht betrachtet so gut aus wie im Schummerlicht der Bar?
- Anmerkung: Das lässt sich am besten herausfinden, indem man ihn unter einem fadenscheinigen Vorwand in die Damentoilette lockt, die Neonröhre über dem Spiegel ist gnadenlos.
- Leichtes, unauffälliges Pieksen in den Bauch kann viel über die Fitness des Typen verraten.
- Kann er mit den Augen eurem Finger folgen? Oder ist er so besoffen, dass er einem eh nur das Klo vollkotzt und dann auf dem Sofa einschläft?
- Lenke unauffällig das Gespräch auf sein Verhältnis zu seiner Mutter. Bricht er dabei nicht zusammen, ist er ungefährlich.

Artikel 71

Chicks haben immer eine Zahnbürste und einen Löffel in der Tasche. Erstens weiß man nie, wen man heute noch küssen muss, und zweitens ist bei Häagen-Dazs-Eis aus dem Supermarkt kein Löffel am Eisbecher.

Artikel 72

Chicks kaufen fettarme Chips.

Artikel 73

Chicks kaufen sexy Unterwäsche. Für sich selbst. Ihr Typ ist eh nicht in der Lage, sie zu öffnen.

Artikel 74

Chicks leiden unter dem sogenannten Opposite-Hair-Problem*: Haben sie Locken, wollen sie glatte Haare, haben sie glatte Haare, hätten sie gerne einen Lockenkopf. Diesem Umstand verdankt eine ganze Branche das Leben: Friseure.*

☞ Artikel 75 ☜

Chicks sind ihrem Friseur treu, ein Leben lang. Die enge, symbiotische Beziehung zwischen Chick und Friseur ist vergleichbar mit Symbiosen in der Natur wie zum Beispiel zwischen Putzerfischen und Haien.

☞ Artikel 76 ☜

Chicks lästern nicht, sie sind solidarisch:
»Ich finde, Jana hat ganz schön zugenommen.«
»Finde ich auch.« → Solidarität!

☞ Artikel 77 ☜

Ein Side-Chick wird stets bereitwillig mit einem befreundeten Chick als heißes Lesbenpärchen auftreten, falls dies dazu dient, die Aufmerksamkeit eines 1A-Typen zu erregen. Erlaubte Mittel sind:

- Auf den Schoß der anderen setzen
- Hüftbetontes Antanzen
- Küssen

Artikel 78

Jedes Chick verfügt über mindestens ein Side-Chick. Das Side-Chick ist nicht nur in die offiziellen, sondern auch in die inoffiziellen Geheimnisse eines Chicks eingeweiht. Sie ist diejenige, die es euch nicht übel nimmt, wenn ihr an der Bar permanent über ihre Schulter zur Tür seht. Im Gegenteil, sie ist es, die euch auf dem Laufenden hält, ob er guckt oder nicht.

Berühmte Side-Chicks	
Übungsaufgabe: Finde die Chicks / Side-Chicks, die zusammengehören:	
Lilli	Louise
Heidi	Gabbana
Angela Merkel	Zottel
Dolce	Fee
Thelma	Klara
Bille	Guido Westerwelle

Artikel 79

Die Handtasche eines Chicks muss so groß sein, dass alles hineinpasst, was man für eine überraschende Nacht außer Haus braucht. Es sei denn, die Handtasche sieht sehr gut aus, dann kann sie so groß sein, wie sie will.

☞ Artikel 80 ☜

Chicks gehen zusammen aufs Klo, um dort geheimnisvolle Dinge zu tun.

☞ Artikel 81 ☜

Ein Chick zahlt nicht im Restaurant, nicht in der Bar, nicht an der Kinokasse. Niemals.

☞ WENN AUS EINEM FREI LAUFENDEN HÜHNCHEN EIN BEZIEHUNGS-CHICK WIRD ☞

Machen wir uns nichts vor: Wenn ein Chick sich verliebt und wenn diese Liebe auf Gegenseitigkeit beruht und das frische Paar eine Spur rosaroter Wölkchen hinter sich herzieht: dann freuen wir uns für sie. Aus vollem Herzen.

Es ist aber auch so, dass ein kleiner Teil von uns, trotz aller Freude, um die vielen Stunden trauert, die das Chick nun mit dem Neuen verbringt statt mit einem Schirmchengetränk neben uns an der Bar.

Abgesehen davon, dass sie sich für ein paar Wochen in einem Zustand geistiger Umnachtung befinden wird und man sie wegen diesem weggetretenen Dösel-Blick manchmal gerne ein bisschen schütteln würde.

So ein frisch verliebtes Hühnchen strapaziert die Nerven aller anderen Chicks, egal, ob die Single sind oder nicht:

Single-Chicks

Für Single-Chicks fällt die Co-Pilotin weg, der Sparringspartner des Nachtlebens. Es ist einfach nicht das Gleiche – ich meine, wenn man endlich die zwei reizenden Jungs vom anderen Ende der Theke hergelächelt hat, wie geht es dann weiter?

Jungs: »Hi, wie geht's denn so?«

Euer Side-Chick: »Oh suuuper, ich bin so verliebt, er heißt Axel und er ...«

Jungs: weg

Beziehungs-Chicks

Also denen gehen, bei aller Freude für das Chick, frisch verliebte Hühnchen mal so richtig auf den Sack. Werden sie doch permanent daran erinnert, wie es anfangs mit ihrem Mopsi auch war – und vor allem, wie es schon seit geraumer Zeit nicht mehr ist.

Da steigen sie über seine Dreckwäsche, die er immer überall herumliegen lässt, stolpern über das Altglas neben der Wohnungstür, das er seit letztem Sommer wegbringen will, schleppen sich in die Bar zu ihrem Side-Chick ... und was hören sie da?

Side-Chick: »... und dann hat er mir so voll süß ein Herz aus Rucola in den Vorgarten gepflanzt und gesagt, dass unsere Liebe jetzt durch den Magen geht! Ist das nicht Wahnsinn?«

Da rollt ein Chick mit den Augen, dass sie ihr fast ins Gehirn fallen: »Jepp. Waaaaahnsinn.«

Die meisten Chicks versprechen sich daher zu Single-Zeiten, dass *ihnen* so etwas *nie* passiert. Aber dann lernen sie eben den Einen kennen und alles ist dann irgendwie ganz anders: Sie werden anhänglich wie Efeu, bekommen den döseligen Blick und schon kann man nicht mehr vernünftig mit ihnen sprechen. Verliebte Chicks waren vermutlich die Vorlage für die ersten Zombie-Filme.

Nachdem alle mündlichen Versprechen nichts nützen, haben wir die Treue-Herzen erfunden! Ihr könnt sie kopieren und von eurem Side-Chick unterschreiben lassen.[6]

---

6 Sie nützen zwar im Zweifelsfall auch nichts, aber man kann sie dem Side-Chick prima vorwurfsvoll unter die Nase halten, wenn es so weit ist.

*Ich schwöre hiermit,
mindestens einen Abend pro Woche
mit meinen Chicks zu verbringen und diesen nicht
wegen eines DVD-Abends auf der Couch mit ihm abzusagen oder
den Chicks-Abend auf ein Wochenende in drei Wochen zu schieben,
weil er da mit seinen Kumpels unterwegs ist.*

_____ , den _____ .

_____
(Name des Chicks)

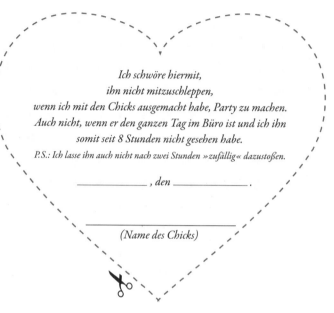

*Ich schwöre hiermit,
ihn nicht mitzuschleppen,
wenn ich mit den Chicks ausgemacht habe, Party zu machen.
Auch nicht, wenn er den ganzen Tag im Büro ist und ich ihn
somit seit 8 Stunden nicht gesehen habe.*
P.S.: Ich lasse ihn auch nicht nach zwei Stunden »zufällig« dazustoßen.

_____ , den _____ .

_____
(Name des Chicks)

*Ich schwöre hiermit,
ihm die Geheimnisse meiner Chicks nicht zu verraten,
auch wenn einige davon seine Kumpels betreffen und auch,
wenn man in einer Beziehung keine Geheimnisse vor dem anderen
haben sollte, und auch, wenn ich glaube zu platzen,
wenn ich es ihm nicht erzähle.*

_____ , den _____ .

_____
(Name des Chicks)

*Ich schwöre hiermit,
an Chick-Abenden nicht permanent von ihm zu sprechen,
seine Mails oder SMS vorzulesen oder
im zwei Minuten-Takt SMS an ihn zu schicken.*

——————— , den ———————.

———————————————

(Name des Chicks)

*Ich schwöre hiermit,
mein Möglichstes zu tun, nicht durchzudrehen.
Dies schließt die Vermeidung von Kosenamen
und Babysprache in der Öffentlichkeit ausdrücklich mit ein!*

_____ , den _____ .

_____
(Name des Chicks)

Artikel 82

Ein Chick hat für plötzliche Anlässe stets etwas Blubberwasser im Kühlschrank und eine Flasche Hochprozentigen für plötzliche Notfälle.

Artikel 83

Ein Chick sollte in der Lage sein, ein Persönlichkeitsprofil einer Persönlichkeit aus einer der folgenden TV-Serien zu charakterisieren:
GNTM
SATC
GZSZ
DSDS

Artikel 84

Ein Chick sollte wissen, was GNTM, SATC, GZSZ und DSDS bedeutet.

☞ Artikel 85 ☜

Chicks sehen GNTM, um sich total aufzuregen, was das für ein Mist ist.

☞ Artikel 86 ☜

Ein Chick wird einem befreundeten Chick ohne Aufforderung die Augenringe mit Abdeckstift übermalen, falls diese zu betrunken ist oder kein Spiegel in der Nähe ist.

☞ Artikel 87 ☜

Ein Chick wird einem anderen <u>sofort</u> sagen, wenn sie von der Toilette mit dem Rock hinten in die Strumpfhose gestopft zurückkommt.

☞ Artikel 88 ☜

Der Adventskalender eines Chicks besteht aus 24 Flaschen Bier.

☞ Artikel 89 ☜

In einem Restaurant prüft ein Chick, ob ihr die von ihrem Freund gewählten Vor- und Hauptspeisen schmecken, und berichtigt diese Wahl im Zweifelsfall.

☞ Artikel 90 ☜

Chicks können Hauptgerichte einer Speisekarte auswählen und die Zutaten selbiger so weit verändern, dass diese eine völlig neue Speise ergeben.

URLAUB

Ob gut geplant oder überstürzt aufgebrochen: Chicks sind echte Chefs im Urlaub-Machen.

- Die beste Urlaubsbegleitung für ein Chick ist ein Chick.
- Ein Chick lässt sich den Rücken nur von diesem sexy gebräunten, muskulösen Kerl, dessen Sprache sie nicht versteht, eincremen. Es sei denn, er guckt nicht, dann übernimmt dies das Side-Chick und es tritt die Lesbenpärchen-Regel in Kraft.
- Fährt ein Chick mit ihrem Freund in den Urlaub, verteilt sich das Freigepäck auf fünf Kilo für ihn und 35 Kilo für sie. Mehr braucht er für ein paar Unterhosen und T-Shirts nicht.
- Am Strand herrscht klare Gewaltenteilung:
    1. Das Chick deute auf die Stelle, an welcher der Schirm stehen soll.
    2. Er dreht den Schirm in den Boden.
- Chicks lieben Schirmchengetränke mit Obst am Glasrand.
- Chicks können im Urlaub rauchen, da Zigaretten lediglich im Heimatland gesundheitsschädlich sind.

Hinweis: Viele Chicks sind Vegetarierinnen. In Urlaubsländern, in denen ein Gericht schon als vegetarisch gilt, wenn auf der Grillplatte ein Salatblatt liegt, werden sie zu »Inland-Vegetarierinnen«.

- Chicks haben das Buch *Einführung in die Philosophie* im Handgepäck, das ungelesen wieder mit nach Hause fliegt, und verschlingen einen Krimi, den sie im letzten Moment am Flughafenkiosk erstanden haben.
- Chicks sammeln Sand und Muscheln in Gläsern als Mitbringsel.

Hinweis: Experten zufolge könnte man aus dem Sand und den Muscheln, die Chicks jedes Jahr mit nach Hause bringen, einen neuen Inselstaat aufschütten.

- Chicks machen im Urlaub Fotos für die Daheimgebliebenen:
    - Fotos von dem Abend in der Taverne, als sie diese unglaublich netten Chicks aus der Stadt/dem Land XY kennen, gelernt haben: 67

- Fotos von diesem sexy gebräunten, muskulösen Kerl, dessen Sprache sie nicht verstehen: 48
- Fotos vom Strand: 25
- Fotos von den Kätzchen am Strand: 17
- Fotos von der Kirche aus dem Jahr Dingsbums: 1

Chicks verschicken Urlaubs-Postkarten. Da sie aber viel lieber die passenden Kartenmotive aussuchen, als tatsächlich zu schreiben, und dabei viele Kugelschreiber-Enden abkauen, haben wir einen Standardtext vorbereitet. Den könnt ihr kopieren und mit in den Urlaub nehmen, hinten auf die Karte pappen, fertig.

Standardpostkartentext zum Ausschneiden:

Liebe/r .... ,
Viele Urlaubsgrüße aus ....
Wetter ist ☐ super, ☐ durchwachsen,
☐ beschissen.
Wir lassen es uns gut gehen, genießen
☐ Sonne, ☐ Strand, ☐ Kultur, ☐ Essen
und freuen uns schon, ☐ Dir / ☐ euch
bald zu Hause davon zu berichten.

Ganz liebe Grüße,
☐ sendet / ☐ senden

Postkartentext an den Freund zum Ausschneiden:

Lieber ☐ Schatz, ☐ Hase, ☐ Schnuffelbär, ☐ Name: ....
Hier in .... ist es wunderschön, aber es wäre noch viel schöner, wenn Du auch hier wärst. Ich habe fast gar keinen Spaß ohne Dich und vermisse Dich schrecklich. Wir verbringen unsere Tage am ☐ Strand, ☐ Pool, ☐ in Cafés, wo wir ☐ Bücher lesen, ☐ schlafen, ☐ uns erholen, ☐ Kreuzworträtsel lösen.
Ich freue mich wahnsinnig auf zu Hause und Dich und schicke Dir tausend Küsse und Umarmungen ♡♡♡.

Dein/e ☐ Schatz, ☐ Hase, ☐ Schnuffelmaus, ☐ Name: ....

Postkartentext für daheimgebliebene Chicks zum Ausschneiden:

Liebe Hasen,
ihr müsst sofort ☐ einen Flug, ☐ eine Zugfahrt buchen und nachkommen!!!
Die Partys in der ☐ Strandbar, ☐ Taverne, ☐ Disco sind phänomenal. Das Männerangebot ist ☐ super, ☐ grandios, ☐ fantastisch, Drogen/Alkohol und ein Schlafplatz sind vorhanden.

Kommt schnell!!! Die ☐ Griechen, ☐ Spanier, ☐ Italiener sind der Hammer.

Postkarten an ☐ Eltern, ☐ Freund, ☐ Sonstige (Name: ....) bereits vorbereitet.

Bitte Ankunfts- ☐ datum, ☐ uhrzeit
per ☐ Telefon, ☐ SMS, ☐ Fax mitteilen!

Artikel 91

Chicks sind glamourös, wundervoll und reizend. Eine Pracht. Ein Glück für jeden, der ein Chick um sich hat. Doch im Leben jedes Chick gibt es einen dunklen Fleck. Mindestens:

- Backstreet Boys: »Quit playing games with my heart«
- Take That: »Back for good«
- N Sync: »Tearin' up my heart«
- Caught in the Act: »You know«
- Westlife: »Raise me up«
- Boyzone: »Father and son«
- New Kids on the Block: »Step by step«
- East 17: »It's alright«
- Worlds Apart: »Everlasting love«
- Bed and Breakfast: »You made me believe in magic«

Artikel 92

Sich so zu schminken, dass man aussieht, als hätte man sich nicht geschminkt, bildet überhaupt keinen Widerspruch in sich.

Artikel 93

Chicks können die Kritik an ihrem Freund in ein Kompliment hüllen:
»Ich mag die Muskeln unter deinem Bauch.«

Artikel 94

Chicks sehen sich nie zusammen einen Porno an. Ein Softporno hingegen ist möglich, vorausgesetzt

- man hat ihn nicht extra ausgeliehen, sondern er kommt im Fernsehen,
- man hat ihn nicht in der Programmzeitung gefunden und extra hingeschaltet, sondern ist beim Zappen zufällig drauf gestoßen,
- man macht sich mit den anderen Chicks permanent über Dialoge, Klamotten und Frisuren der Hauptdarsteller lustig.

Artikel 95

Hat ihr Freund während einer Auseinandersetzung noch etwas Petersilie vom Abendessen zwischen den Zähnen, erfreut sich das Chick während des Streits heimlich an diesem Anblick.

Artikel 96

Muss er bei Bambi, King Kong *oder* Rendezvous mit Joe Black *auffällig oft schlucken und heult schließlich Rotz und Wasser, so reicht ihm ein Chick die Taschentücher und zerfließt heimlich vor Rührung. Sie wird die Szene auch nicht gegenüber seinen Kumpels erwähnen, zumindest nicht, wenn sie nicht sauer auf ihn ist.*

Artikel 97

Wenn ein Typ bei einem Chick den Dackelblick probiert, muss er damit rechnen, ein »Aus!« zu kassieren.

Artikel 98

Wenn ein Chick der Zuwendung bedarf, ist es völlig legitim, ein wenig Kummer vorzutäuschen.

Artikel 99

Chicks sind bestechlich. Um eine angemessene Bestechung zu gewährleisten, sollte sie dafür eine Liste mit ihren Herzenswünschen zusammenstellen und an den Kühlschrank hängen.

Artikel 100

Eskaliert ein Streit zwischen einem Chick und ihrem Freund, während dessen Verlauf sie ihm mit einem Rauswurf aus der Wohnung droht, sollte sie vorher gedanklich gegenchecken, ob es sich dabei um ihre Wohnung handelt.

Artikel 101

Ein Chick kann sich nach einem Streit mit ihrem Freund hervorragend ablenken. Dass sie alle zwei Minuten auf ihr Handy sieht, ist lediglich der Tatsache geschuldet, dass sie keine Armbanduhr trägt.

Artikel 102

Ein Chick weiß um die grundlegenden Probleme von Carrie, Miranda, Samantha und Charlotte. Wer die vier sind? Leg sofort dieses Buch weg, du bist ein Typ!

☞ Artikel 103 ☜

Chicks überzeugen ihren Freund, sich Sex and the City 2 *auszuleihen, weil der Süße immer noch meint, es handelt sich um einen Porno.*

☞ Artikel 104 ☜

Ein Chick schläft nicht mit dem Ex eines anderen Chicks. Niemals. Ohne Ausnahme. Auch nicht dann, wenn diese sagt, es wäre schon okay. Ein Chick eruiert höchstens, ob der Ex mit ihr schlafen wollen würde, wenn sie dazu bereit wäre.

☞ Artikel 105 ☜

Ein Chick gerät nicht über den neuen Freund eines befreundeten Chicks völlig aus dem Häuschen. Einem anerkennenden »scheint sympathisch zu sein« sollte stets ein beruhigendes »ist aber nicht mein Typ« folgen.

Artikel 106

Ein Chick vergewissert sich <u>vor</u> dem Lästern auf öffentlichen Toiletten, ob die Betreffende gerade in einer der Toilettenkabinen sitzt. Dann heißt es improvisieren.

Artikel 107

Wenn Chicks streiten, kann eine Feindschaft bis zum Tod entstehen.

Artikel 108

Wenn ein Chick einen Chick-Song wie »I will survive« hört, muss sie alles stehen und liegen lassen, ein anderes Chick an der Hand nehmen und mit geschlossenen Augen so laut sie kann mitsingen.

Artikel 109

Ein Chick sollte einige ausgefeilte Verführungstechniken beherrschen, die dazu geeignet sind, bei einem Mann das Denken auszuschalten. Zum Beispiel ein Calippo-Eis essen.

Artikel 110

Nie sollte ein Chick in einer Umkleide- oder Nacktbade-Situation andere Chicks anstarren. Ob der Busen echt ist oder nicht, ist genauso gut aus den Augenwinkeln zu erkennen.

Artikel 111

Chicks berühren Schornsteinfeger.

Artikel 112

Chicks können beim Bleigießen an Silvester die Gesichter bekannter Schauspieler in ihren Bleiklümpchen erkennen.

☞ Artikel 113 ☜

Für Chicks sind die weißen, hübschen Mac-Geräte erfunden worden.

☞ Artikel 114 ☜

Für ein Chick ist es legitim, einem Typen eine erfundene Telefonnummer zu geben, wenn sie davon ausgeht, dass eine fremde Person besser zu ihm passt als sie selbst.

Der WooHoo-Test

Chick oder WooHoo Girl? Die Antwort ist am schnellsten mit dem WooHoo-Test zu beantworten!

1. Durch dein T-Shirt kann man zweifelsfrei durchsehen:
   - Hat mal jemand 'ne Jacke? ☐ C
   - Wie geil ist das denn? ☐ W

2. Nachts ertönt plötzlich Feueralarm:
   - Hä? Was soll das denn? ☐ C
   - Gut, dass ich geschminkt schlafe! ☐ W

3. Deine Hautfarbe ist:
   - Hautfarben ☐ C
   - Münzmallorcabraun ☐ W

4. Als was verkleidest du dich im Fasching?
   - Sexy Katze, Sexy Nutte, Sexy Hexe, Sexy Engelchen/ Teufelchen ☐ W
   - Glückspilz, Brokkoli, was Schrank und Klebstoff so hergeben ☐ C

5. Hunde ...
   - passen gut unter die Achseln. ☐ W
   - Hunde!!!! ☐ C

6. Hugh Hefner hat ...
   - Vermutlich nicht alle Tassen im Schrank. ☐ C
   - Gott sei Dank doch nicht geheiratet! ☐ W

7. Du gehst ja heute bauchfrei!
   - Ups, da ist mir das T-Shirt hochgerutscht. ☐ C
   - Ja, da sieht man mein Piercing/mein Tattoo/ meinen Tanga besser ☐ W

8. »Ich bring dich ganz groß raus.«
   Danke, ich finde selbst zur Tür. ☐ C
   Echt? ☐ W

9. Ich wünsche mir ...
   ... die Lösung des Nahostkonflikts ☐ C
   ... größere Brüste ☐ W

10. Mein Freund ...
    ... soll Humor haben. ☐ C
    ... muss Humor haben. ☐ W

11. Auf meinen Fingernägeln ...
    ... sind manchmal so kleine, weiße Stellen. ☐ C
    ... sind manchmal glitzernde Blumenmuster. ☐ W

12. Wenn ich lache ...
    ... lachen alle mit. ☐ C
    ... schauen immer alle so komisch. ☐ W

13. Meiner Barbie ...
    ... habe ich damals die Haare abgeschnitten. ☐ C
    ... ist meine neue Nase nachgebaut. ☐ W

Auswertung:

0 W: Hallo meine Liebe! Natürlich hast du keine Ws gesammelt, aber dafür waren die Fragen ziemlich lustig, was?

1 W: Oh, guck noch mal nach, ich glaube du hast dich irgendwo vertan ...

ab 2 W: Oh Mann.

☞ Artikel 115 ☜

Um eine unbefriedigende Beziehung zu beenden, können ein paar Blicke in die Schaufenster eines Brautkleiderladens schon genügen, meist jedoch wird ein Chick aufgrund der Dickpelzigkeit der Männer dazu gezwungen, stärkeren Stoff aufzufahren. Um die Trennung möglichst zügig zu gestalten, sollte ein Chick die **Kleinen Trennungshelfer** *beherrschen.*

Die kleinen Trennungshelfer:

1. »Gestern habe ich meinen Ex getroffen. Die in der Notaufnahme haben aber gesagt, er wird es überleben.«
2. »Die Fußballmannschaft aus meinem Heimatort ist wirklich extrem gut bestückt.«
3. »Deine Mutter hat mich eingeladen ...«
4. »Früher, als ich noch ein Mann war ...«

☞ Artikel 116 ☜

Ein Chick ist verpflichtet, ein befreundetes Chick davor zu bewahren, in betrunkenem Zustand SMS zu verschicken, besonders wenn sich das Hühnchen in einem extrem selbstmitleidigen Zustand befindet und es sich bei dem Adressaten um den Exfreund handelt.

☞ Artikel 117 ☜

Musicals sind okay.

☞ Artikel 118 ☜

Ein Chick heiratet keinen Lothar Matthäus.

☞ Artikel 119 ☜

Wenn Chicks das letzte Toilettenpapier verbrauchen, füllen sie das für die nachkommenden Chicks auf.

☞ Artikel 120 ☜

Chicks sind nicht schuld. Nie. Das ist schon rein technisch gar nicht möglich.

☞ Artikel 121 ☜

Chicks fassen die Menge an Exfreunden auch unter dem Begriff »Reserve« zusammen.

☞ Artikel 122 ☜

Ein Chick gibt ihrem Freund gegenüber nie zu, dass die extreme Reizbarkeit und die Stimmungsschwankungen, unter denen er zu leiden hat, irgendetwas mit PMS zu tun haben. Selbst wenn sie etwas damit zu tun haben.

☞ Artikel 123 ☜

Chicks gewinnen Kirschkernweitspuckwettbewerbe.

☞ Artikel 124 ☜

Chicks zählen ihre Sommersprossen.

☞ Artikel 125 ☜

Fluppen, die ein Chick morgens um drei betrunken mit ihrem Side-Chick qualmt, sind keine Zigaretten im Sinne von Zigaretten.

☞ Artikel 126 ☜

Chicks nehmen sich mitunter vor, während eines Chick-Abends das Thema »Männer« komplett auszuklammern, um über wirklich wichtige Dinge zu sprechen, die dann oft beginnen mit: » ... aber wisst ihr, was dieser Idiot neulich gemacht hat ...?«

☞ Artikel 127 ☜

Wenn ER im Auto sagt »Bieg links ab!« und das Chick biegt rechts ab, dann hätte er ihr vorher sagen müssen, dass er das andere links meint.

☞ Artikel 128 ☜

Chicks stöbern NICHT im Handy ihres Freundes. Nie. Unter gar keinen Umständen. Das machen nur kranke Kontrollfreaks und es zerstört das Vertrauen in einer Beziehung.

> **Hinweis:**
> Und wenn sie es doch tun, sollten sie nicht vergessen, danach die Tastensperre wieder einzuschalten.

☞ Artikel 129 ☜

Chicks ziehen Hose und Schuhe aus und gehen noch mal aufs Klo, bevor sie auf die Waage steigen, um das Ergebnis nicht zu verfälschen.

☞ Artikel 130 ☜

Chicks ist es erlaubt, sich splitternackt neben ihrer unerwiderten Jugendliebe im Bett zu räkeln – und ihn abblitzen zu lassen. Schließlich hat er damit angefangen.

☞ Artikel 131 ☜

Chicks hören sich geduldig die Zukunftspläne ihres Side-Chicks an. Auch wenn der Plan täglich wechselt. Die häufigsten Pläne, absteigend geordnet:

- Ein Café aufmachen
- Einen Secondhand-Klamottenladen aufmachen
- Ein Café mit angeschlossenem Secondhand-Klamottenladen aufmachen
- Einen Laden voll mit lauter schönen Einrichtungs- und Ausstattungsdingen, die sie eigentlich nicht wieder hergeben wollen, aufmachen
- Ein Buch schreiben

☞ Artikel 132 ☜

Ein Chick stellt im Laufe eines Jahres in einer Dreizimmerwohnung durchschnittlich zweimal das Wohnzimmer und das Schlafzimmer um, wobei sie ohne Probleme mit einer Hand das Sofa hochhebt, um mit der anderen den Teppich darunter gerade zu rücken, wenn es sein muss. Mindestens einmal streicht sie eine der Wände der Wohnung mithilfe eines Schwamms lila-aubergine-brombeer-erdfarben oder orange-ocker.

☞ Artikel 133 ☜

»Ich hab dir das gesagt, du hast nur nicht richtig zugehört!« Es gibt Momente im Leben, in denen muss man auf diese kleine Notlüge zurückgreifen. Zum Beispiel, wenn man das gemeinsame Wohnzimmer mithilfe eines Schwamms lila-aubergine-brombeer-erdfarben gestrichen hat.

☞ Artikel 134 ☜

Chicks können nur sehr schwer nachvollziehen, wie es einem Mann möglich ist, ein und dieselbe Creme für alle Teile seines Körpers zu benutzen.

☞ Artikel 135 ☜

Ein Chick rülpst schon mal wie ein Wildschwein, wenn ein toller Typ in der Nähe ist, den sie damit beeindrucken kann. Sind Chicks unter sich, stoßen sie lediglich auf.

☞ Artikel 136 ☜

Chicks sind sehr vorsichtig: Obwohl sie überhaupt nicht abergläubisch sind, tragen sie zum Jahreswechsel rote Unterwäsche. Vorsichtshalber.

☞ Artikel 137 ☜

Einem Chick steht es jederzeit frei, auch mitten in einer Diskussion, den Standpunkt und die damit verbundene Argumentationskette zu ändern. Bis zu 180 Grad.

Artikel 138

Ein Chick sollte eine Spinnenphobie zumindest glaubhaft vortäuschen können, damit sich ihr Freund hin und wieder wie der King of Currywurst fühlen kann.

Artikel 139

Kein Chick wird einem Mann jemals den Chick Code *verraten. Der Kodex ist eine Heilige Schrift, die nicht für Männeraugen bestimmt ist.*

Anmerkung:
Sollten Sie männlich sein und dies hier lesen, seinen Sie unbesorgt: Die Hühnchen haben selbstverständlich nichts, was einem Kodex ähnelt. Es handelt sich hier lediglich um ein Büchlein, das mit etwas Mode und Beauty, Gesundheit und Wellness die Damen unterhalten möchte. Niemand glaubt doch ernsthaft, dass die weibliche Hälfte der Menschheit sich an irgendwelche Regeln hält.

Wie kraftvoll Sie übrigens dieses Buch halten, wirklich, das ist beeindruckend.[7]

---

[7] Liebe Chicks, das ist natürlich totaler Käse, das habe ich nur zur Vorsicht dorthin geschrieben. Jeder Mensch weiß, dass Männer zu faul sind, um Fußnoten zu lesen, aber wahrscheinlich ist er an der Stelle »Mode und Beauty, Gesundheit und Wellness« sowieso schon ins Koma gefallen. Wenn ein Mann dieses Buch in die Hände bekommt, lenkt ihn einfach ab: Esst etwas Phallusförmiges.

☞ Artikel 140 ☜

Ein Chick kann ohne Weiteres einen hohen Quietschton über zwei Minuten halten, wenn es einen Wurf Kätzchen oder Johnny Depp entdeckt.

☞ Artikel 141 ☜

Chicks, deren Body-Mass-Index die 25 überschreitet, sind: weiblich, sinnlich, haben Kurven, brauchen eben Platz und sind gut proportioniert. Tussis jedoch, deren Body-Mass-Index die 25 überschreitet, sind fette Kühe und haben einen Hintern wie ein Brauereigaul.

☞ Artikel 142 ☜

Ein Chick kann so viele Handtaschen haben, wie sie will.

☞ Artikel 143 ☜

Ein Chick reicht den Lipgloss ungefragt weiter.

☞ Artikel 144

Chicks lernen in der Schlange vor dem Damenklo immer mindestens ein anderes Chick kennen.

☞ Artikel 145

Ist die Schlange vor dem Damenklo zu lang, benutzt ein Chick im Notfall die Kabine des Herrenklos. Sie ist jedoch verpflichtet, sich das Grinsen zu verkneifen, wenn auf dem Weg dorthin die Herren an den Pissoirs panisch »abzwicken«.

☞ Artikel 146

Chicks hätten in Mathe bessere Noten gehabt, wenn man dort weniger den Flächeninhalt von Dreiecken, sondern den BMI der Klassenkameraden hätte errechnen müssen.

> **Hinweis:**
> Und bessere in Physik, wäre der Stimmungsring als Schülerversuch durchgegangen.

☞ Artikel 147 ☜

Wenn ein Chick mit einem Typen Telefonnummern ausgetauscht hat, ruft niemals sie als Erste an.

☞ Artikel 148 ☜

Ein Chick sagt nie zu einem anderen Chick: »Komm, es ist doch nur ein Film!«

BEGRÜSSUNG

Chicks begrüßen sich mit einer Umarmung und einem Kuss links und rechts auf die Wange (vgl. Abb. 1). Sind zu viele Chicks auf einem Haufen, können Luftküsse in alle Richtungen geworfen werden. Eine Sonderform stellt die Begrüßung mit derjenigen dar, bei der man sich noch nicht sicher ist, ob sie nicht doch vielleicht ein blödes Huhn ist. Und bei der, bei der man sich zwar sicher ist, dass sie ein blödes Huhn ist, man jetzt aber auch keine große Sache draus machen will (vgl. Abb 2).

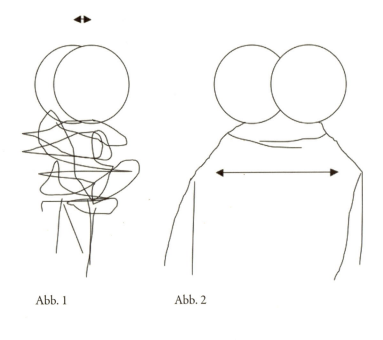

Abb. 1   Abb. 2

☞ Artikel 149 ☜

Chicks wissen genau, wann sie ihren Freund zum ersten Mal geküsst haben. Und sie wissen auch, wo, welches Wetter war, was sie anhatten und wem sie es danach erzählten.

☞ Artikel 150 ☜

Ist ein Chick unzufrieden mit ihrem Status als Single, jammert ein gutes Side-Chick so lange über ihre Beziehung, bis das Chick wieder glücklich ist.

☞ Artikel 151 ☜

Chicks haben Kleidungsstücke, die noch nie den Kleiderschrank von innen gesehen haben – sie durchlaufen nur die Stationen:

1. Anziehen
2. Waschmaschine
3. Wäschetrockner
1

☞ Artikel 152 ☜

Heulen ist okay. Auf Kommando heulen ist eine Kunst.

☞ Artikel 153 ☜

Chicks erzählen keine Geheimnisse weiter. Sie können jedoch so viele verdeckte Hinweise geben, dass ihr Gegenüber ganz von alleine draufkommt.

☞ Artikel 154 ☜

Begrüßungen und Verabschiedungen zwischen Chicks erfüllen in islamischen Ländern den Tatbestand des Ehebruchs.

☞ Artikel 155 ☜

Das Auf- und Abhüpfen sowie das IIIIiiieeeeehhh-en zwischen Chicks zur Begrüßung sind bei einem Wiedersehen nach einer langen Zeit völlig legitim. »Lange Zeit« ist hier als subjektive Empfindung zu verstehen.

☞ Artikel 156 ☜

Bei wichtigen Gesprächen zwischen Chicks müssen diese sich an mindestens einer Stelle anfassen. Sonst geht's nicht.

☞ Artikel 157 ☜

Ein Chick hat das Recht, innerhalb der ersten zehn Minuten während eines Blind Dates ohne Erklärung aufzustehen und zu gehen. Sorry.

☞ Artikel 158 ☜

Ein Chick ist stets für andere Chicks erreichbar. Egal wann, egal wo.

☞ Artikel 159 ☜

Ein Chick betrachtet den Kleiderschrank eines befreundeten Chicks wie ihren eigenen.

☞ Artikel 160 ☜

Ein Chick weiß, dass die Versprechungen der Kosmetikindustrie nur Schall und Rauch sind. Dies steht in keinerlei Widerspruch zu der Anti-Aging- und der Anti-Cellulitis-Serie in ihrem Badezimmerregal.

Die Diät-Zusatzregel:
Ein Chick weiß selbstverständlich auch, dass alle Diäten, die einem versprechen, ohne jegliche Anstrengung 10 Pfund abzunehmen, Humbug sind. Die Versuche, diese Diäten zu befolgen, stehen ebenfalls in keinem Widerspruch.

☞ Artikel 161 ☜

Ein Chick glaubt nicht an Horoskope. Es sei denn, der tolle Typ, den sie gerade kennengelernt hat, ist Wassermann, Aszendent Brikett und passt somit genau zu ihrem Sternbild.

☞ Artikel 162 ☜

Wenn ein Vollhonk ein Chick mit der Was-bist-du-für-ein-Sternzeichen-Nummer anmachen will, ist ein Chick von Sternzeichen Verpissdich, *Aszendent* sofort.

☞ Artikel 163 ☜

Ein Chick kann bei einer unerwarteten Begegnung mit dem Exfreund aus dem Stegreif das Optimale an Optik und Sex-Appeal aus sich herausholen. Ist derjenige in Begleitung seiner neuen Freundin, ist es möglich, dieses Optimum um ein Hundertfaches zu potenzieren.

☞ Artikel 164 ☜

Verliebt sich ein Chick in einen unmöglichen Typen, muss es diskret darauf aufmerksam gemacht werden. Nützt dies nichts, kann man nur warten und die Alkoholbestände auffüllen. Chicks sind in Liebesdingen mitunter ziemlich dickköpfig.

☞ Artikel 165 ☜

Chicks sprechen mit Topfpflanzen.

☞ Artikel 166 ☜

Wenn ein Chick mit ihrem Freund streitet, hat das Side-Chick in der Öffentlichkeit dem Chick stets den Rücken zu stärken.

> **Hinweis:**
> Sie kann jedoch besagtes Chick unter vier Augen in der Damentoilette auf eventuelle Lücken in ihrer Argumentationskette hinweisen. Allerdings muss das Side-Chick darauf vorbereitet sein, mit Toilettenpapier beworfen oder beschimpft zu werden. Immerhin ist sie IHR Side-Chick und nicht SEINS.

☞ Artikel 167 ☜

Chicks verschicken Facebook-Herzchen.

☞ Artikel 168 ☜

Wenn ein Chick ein Bücherregal an der Wand anbringt, so gleicht sie ein eventuelles Defizit der Waagrechten mithilfe von Buchstützen aus.

Artikel 169

Chicks haben eine natürliche und angeborene Affinität zu Plastikschüsseln mit bunten Deckeln und begründen diese damit, dass sie praktisch wären.

Artikel 170

Ein Chick schläft gerne in der Löffelchenstellung ein. Sobald sie aber ernsthaft das Schlafen anfängt, braucht sie Platz.

> **Hinweis:**
> Und die Decke.

Artikel 171

Ein Chick hat bei einem Streit mit ihrem Freund das letzte Wort. Alles, was er danach sagt, ist der Beginn eines neuen Streits.

☞ Artikel 172 ☜

Chicks wissen, dass Kettenbriefe Humbug sind, und verschicken auch keine. So gut wie nie. Zumindest nicht oft.

☞ Artikel 173 ☜

Das angebliche Alter eines Chicks hat mehrere Komponenten. Das tatsächliche Alter ist eine davon.

☞ Artikel 174 ☜

Wird ein Chick nach der Anzahl ihrer Männergeschichten gefragt, sagt sie eine Zahl zwischen vier und neun. Diese Zahlen bilden den statistischen Mittelwert zwischen »Unglaubwürdig« *und* »Schlampe«.

☞ Artikel 175 ☜

Ein Chick sollte zumindest vortäuschen können, so etwas *noch nie erlebt zu haben.*

☞ Artikel 176 ☜

Trägt ein Chick ein neu erworbenes Kleidungsstück, nehmen die befreundeten Chicks den Stoff zwischen Zeigefinger und Daumen und reiben ihn wohlwollend prüfend zwischen diesen hin und her. (Dieses Verhalten ist beim Vorführen eines neuen Freundes unbedingt zu unterlassen.)

☞ Artikel 177 ☜

Äußert ein Chick während der Anprobe eines Kleidungsstücks Bedenken wegen des Preises, lässt aber gleichzeitig durchblicken, dass es ihr gut gefällt, so ist es die Pflicht jedes anderen Chicks, so lange auf sie einzuwirken, bis das Teil gekauft wird. Die lineare Argumentationskette ist:

- ☞ *Es steht dir super.*
- ☞ *Das hast du dir verdient.*
- ☞ *Das sieht auch zu Jeans gut aus.*

☞ Artikel 178 ☜

Chicks stricken nicht. Einzige Ausnahme: Meterlange, bunte Schals.

☞ Artikel 179 ☞

Ein Mädchenabend darf unter keinen Umständen abgesagt werden. Schon gar nicht wegen eines Dates. (Einzige Ausnahme: Er ist von Sternzeichen Wassermann, Aszendent Brikett, oder es ist Johnny Depp).

☞ Artikel 180 ☞

Kleinen, dicken Kerlen mit Halbglatze und Bierbauch, die aufgrund von reichlich Alkoholgenuss oder eines Anfalls von Größenwahn keinen Korb akzeptieren wollen, darf mit einem ausgezogenen Stiletto auf den Kopf gehauen werden.

☞ Artikel 181 ☞

Um den Kommunikationsfluss nicht zu unterbrechen, ist es völlig legitim, dass zwei oder mehr Chicks gemeinsam das Bad aufsuchen und dort abwechselnd pinkeln und den Lidstrich nachziehen. Der Blick bleibt dabei jeweils bei den eigenen Angelegenheiten.

Artikel 182

Ein Chick ist verpflichtet, jederzeit Tampons mit sich zu führen und diese im Bedarfsfall zu verteilen. Die Übergabe erfolgt dabei stets von einer geschlossenen Hand in die andere, wie bei einer Drogenübergabe.

> **Anmerkung:**
> Tampons sind immer Schenkungen. Nie Leihgaben.

Artikel 183

Ein Chick darf nur dann versuchen, ein anderes Chick zu verkuppeln, wenn der Typ wirklich toll ist, und nicht nur, weil es praktisch wäre, wenn sie mit dem besten Freund ihres Freundes zusammen wäre.

Artikel 184

Im Leben jedes Chicks gibt es mindestens ein Paar Schuhe, das ausschließlich zum Auf-einem-Barhocker-Sitzen geeignet ist.

☞ Artikel 185 ☜

Chicks haben kein Problem damit, sich mit ihrem Side-Chick ein Hotelzimmer oder Bett zu teilen. Im Gegenteil: Wenn man im Dunkeln noch ein bisschen tuschelt, ist es fast so, als wäre man wieder zehn Jahre alt und würde bei der anderen übernachten.

☞ Artikel 186 ☜

Ein Chick fängt nie etwas mit ihrem Chef an (Hochschlafregelung). Es sei denn:

- Er sieht aus wie Hugh Grant in *Bridget Jones*.
- Er sieht ein bisschen aus wie Hugh Grant in *Bridget Jones*.
- Sie kann sich zumindest vorstellen, er sähe aus wie Hugh Grant in *Bridget Jones*.

Ein Chick fängt nie etwas mit einem Kollegen an (Vertikalschlafregelung). Es sei denn:

- Sie tut es doch.

Ein Chick fängt nie etwas mit Untergebenen, Praktikanten und Zulieferern an (Runterschlafregelung). Es sei denn:

- Es handelt sich um UPS-Boten oder andere Paketdienstangestellten, die eine Uniform tragen.
- Es handelt sich um verstrubbelte, studentische, durchtrainierte Fahrradkuriere.
- Ihr Ego ist im Eimer und sie hat ein wenig Zuspruch nötig.

Artikel 187

Das größte soziale Netzwerk ist das Chick-to-Chick-Netzwerk. Auf mündlicher, fernmündlicher und elektronischer Basis umfasst dieses Kompetenz-Netzwerk so gut wie alle Themengebiete und erstreckt sich über die ganze Welt. Es ist die größte Enthüllungsplattform mit gleichzeitig der geringsten Übermittlungsdauer. Insider nennen es Chickyleaks.

Artikel 188

Entgegen der öffentlichen Meinung sind Chicks nicht ungeduldig. Sie nutzen ihre Zeit lediglich sinnvoll. Und »Warten« zählen sie nicht zu den sinnvollen Tätigkeiten.

Artikel 189

Chicks sind freundlich zu Postboten. Das sind nämlich die einzigen Männer, die kommentarlos Zalando-Pakete und die bestellten Weinkisten die Treppe hochtragen.

☞ Artikel 190 ☜

Natürlich gibt es keine Feen und Einhörner. Aber Bruce Willis sprengt auch keine Asteroiden.

☞ Artikel 191 ☜

Ein Chick freut sich, wenn ihr Freund sich regelmäßig mit seinen Bros trifft. Vor allem mittwochs, denn da kommt Grey's Anatomy.

☞ Artikel 192 ☜

Mitte November beginnt ein Chick damit, die ersten Lichterketten aufzuhängen. Bis Anfang Dezember steigert sie sich über Duftkerzen mit Weihnachtsduft und Deko-Gläsern mit Weihnachtskugeln, bis sie sich die letzten Tage vor Weihnachten mit Sterne-Fensterbildern, einer beleuchteten Krippe, einem Gesteck für die Wohnungstür und einem Ast mit Filzanhängern, Lebkuchenfiguren, Orangenscheiben, Apfelringen und Zimtstangen selbst übertrifft.

☞ Artikel 193 ☜

- Weihnachtsmarkt mit Glühweinstand-Pause: schön.
- Der leuchtende Christbaum bei den Eltern und die Geschenke: Toll.
- Endlich wieder zur Tür raus sein: Unbezahlbar.

Hochzeits-, Heirats- und Junggesellinnenabschieds-Bestimmungen[8]

---

[8] Aus: *BGB, Das bessere Gesetzbuch*, Knaur TB, ISBN 978-3-426-78509-6

- Nur britische Junggesellinnen und WooHoos feiern ihren Junggesellinnenabschied mit riesigen Stoff-Pimmeln auf dem Kopf.
- Kostüme und Maskierungen respektive alle Diademe, Krönchen und pinke Bunny-Ohren sind spätestens vor dem Betreten des Standesamtes abzulegen.

Zusatz: Etwaige Tabledancer sind ebenfalls vor Betreten des Standesamtes abzulegen.

- Die Braut sollte in der Lage sein, die Stufen des Standesamtes selbstständig zu besteigen. Das Abstützen auf den Schultern einer Begleitperson ist zulässig. Unzulässig ist es, die Braut an Armen und Beinen in den für die Hochzeit vorgesehenen Raum zu tragen.
- Sollte die Braut den Brauch befolgen, etwas Altes, etwas Neues, etwas Geliehenes und etwas Blaues zu tragen, so gilt hierfür:
    - Etwas Altes steht für das bisherige Leben der Braut, sollte jedoch in Form eines Schmuck- oder Kleidungsstücks symbolisiert werden und nicht durch die versammelten Exfreunde, die ein Abschiedslied singen.
    - Etwas Neues steht für das beginnende Leben als Ehefrau. Es ist von allzu pessimistischen Kleidungsstücken wie Kochschürzen o. Ä. abzusehen.
    - Etwas Geliehenes steht für Freundschaft. Falls die Beliehene ein Hochzeitsgast ist, so muss sie von diesem Brauch in Kenntnis gesetzt werden, um zu vermeiden, dass sie die Trauung durch »Das ist ja meins!«-Zwischenrufe stört.
    - Etwas Blaues. Das Blaue symbolisiert die Treue. Unter keinen Umständen gelten Braut oder Bräutigam als »Etwas Blaues«, auch wenn sie noch so sternhagelvoll sein sollten.

- Die Braut muss in der Lage sein, ihre Zustimmung zur Ehe mit dem vorgeschriebenen Satz »Ja, ich will« selbstständig vorzutragen.

   Zusatz: Nicht zulässig sind als Antwort:
   - »Meinetwegen.«
   - »Okaaaay.«
   - »Ich sag erst was, wenn er es zuerst sagt.«
   - sowie alle Zusagen/Absagen, die von Schwiegermüttern vorgetragen werden.
- Wird im Rahmen einer traditionellen Hochzeit die Braut gestohlen, so wird hiermit darauf hingewiesen, dass es sich hierbei um eine Redensart handelt und ein Spiel bezeichnet. In keinem Fall ist die Entführung wörtlich zu verstehen oder die Polizei zu verständigen. Gestohlene Bräute dürfen nicht verkauft, getauscht oder in Pfandleihen angeboten werden.
- Das Werfen des Brautstraußes durch die Braut darf nicht als Vorwand genutzt werden, unliebsamen weiblichen Gästen richtig eine reinzusemmeln.

☞ Artikel 194 ☜

Lügengeschichten, Gerüchte und Vermutungen können ethisch und moralisch korrekt durch Verwendung der Einleitung »Ich weiß nicht, ob es stimmt, aber ...« verbreitet werden.

☞ Artikel 195 ☜

Chicks sind mitfühlende Wesen, die sich viel um andere kümmern, daher schenken sie den Dokumentationen fremder Leben in der Klatschpresse große Aufmerksamkeit.

☞ Artikel 196 ☜

Ein Chick verfolgt Horrorfilme zwischen den leicht geöffneten Fingern ihrer Hände und trägt dazu ein Kissen vor dem Bauch. Zum Schutz.

☞ Artikel 197 ☜

Die Exfreundin eines Chicks' Freund ist nie ein Chick. Das ist schon rein rechtlich gar nicht möglich.

☞ Artikel 198 ☜

Chicks glauben nicht an Heinzelmännchen oder Feen, auch wenn die Existenz kleiner Wesen, die über Nacht die Klamotten enger nähen, einwandfrei bewiesen ist.

☞ Artikel 199 ☜

Ein Chick bestellt einen Salat mit Garnelen und macht dann halbe-halbe mit SEINEM Rindersteak.

☞ Artikel 200 ☜

Wird ein Chick fotografiert, umarmt sie reflexartig nächststehende Personen oder Bäume.

☞ Artikel 201 ☜

Wird ein Chick sitzen gelassen, ist es die heilige Pflicht befreundeter Chicks, sie nach einer angemessenen Tröst- und Trauerphase zum Ausgehen zu überreden.

Artikel 202

Ein Chick behält stets mindestens zwei Verehrer für Reparaturen aller Art und Umzüge in der Hinterhand.

Artikel 203

Treffen zwei Verehrer eines Chicks aufeinander, zum Beispiel beim Tragen ihrer Umzugskartons, ist darauf zu achten, dass sie sich nicht gegenseitig angreifen. Am besten ist es, den Beteiligten vor dem Aufeinandertreffen von dem anderen als guten Freund zu erzählen, der sich leider in sie verliebt hat. Das gewährleistet eine mitleidige, aber freundliche Haltung der Verehrer untereinander.

Artikel 204

Es existiert kein Gesetz, das besagt, dass sich ein Verehrer nicht in null Komma nichts in ein Sprungbrett verwandeln kann.

☞ Artikel 205 ☜

Es existiert kein Gesetz, das besagt, dass sich ein Sprungbrett nicht in null Komma nichts in den Neuen verwandeln kann.

Anmerkung:
Erstes Anzeichen dafür ist, wenn das Chick, wenn sie über ihn spricht, ihn bei seinem tatsächlichen Vornamen nennt anstatt wie bisher mit der Bezeichnung, die ihn bis dahin charakterisierte:

- »Der Nürnberger« (Name des Ortes, aus dem er stammt)
- »Der Feuerwehrmann« (Beruf, Studienfach oder Ausbildungsziel)
- »Das Rehauge« (körperlich herausragendes Merkmal)

☞ Artikel 206 ☜

Ein Chick beherrscht die Technik der Gehirnwäsche.
Das ist im Fall männlicher Gehirne nicht ganz so schwer,
weil sich einfache Gedankengänge leicht durch andere
»überschreiben« lassen. Zum Beispiel durch den einfachen Satz:
»Meine Tage sind überfällig.«

☞ Artikel 207 ☜

Ein Chick fängt in ihrem Leben durchschnittlich achtmal mit dem Joggen an. In der Regel werden diese Versuche nach spätestens zwei Wochen durch eine Anti-Cellulitis-Creme ersetzt.

☞ Artikel 208 ☜

Chicks melden sich auch für einen Yogakurs an. Vor der ersten Yogastunde kaufen sie spezielle Yogaklamotten. Die Sachen, die sie für das Joggen getragen haben, gehen nicht dafür.

☞ Artikel 209 ☜

Außerdem fängt ein Chick in ihrem Leben mindestens dreimal mit dem Schwimmen an. In der Regel reduzieren sich diese Versuche nach zwei Wochen auf den Wellness- und Spa-Bereich des Schwimmbads.

Artikel 210

Ein Chick denkt durchschnittlich viermal im Jahr daran, Heilfasten zu machen, und kauft dann stattdessen darmpflegende Joghurts.

Artikel 211

Wenn ein Chick ihrem Freund eine SMS schreibt, dann ist es nicht ihre Schuld, wenn er etwas versteht, was sie anders gemeint hat, egal wie die Nachricht lautet.

Artikel 212

Wenn ein Chick ihrem Freund etwas wirklich, wirklich Schlimmes angetan hat, so geht sie stets straffrei aus, wenn er vor der Tat »Du bist wie deine Mutter« *gesagt hat.*

☞ Artikel 213 ☜

Natürlich braucht man keine Glasvasen mit bunten Steinen, keine Windlichter in Laternenform, keine pinkfarbenen Ethno-Kissen und keine Schwimmkerzen. Aber sagen wir es mal so: Man kommt auch ohne Alu-Felgen von A nach B.

☞ Artikel 214 ☜

Chicks freuen sich auch über kleine Dinge. So kann ein kleiner Diamantring in einen Muffin gebacken durchaus Freudentränen hervorrufen.

Artikel 215

Chicks sind durchaus in der Lage, sich kurz zu fassen. Schließlich muss manchmal das Ende einer Beziehung in 160 Zeichen passen.

- Für romantische Chicks:
  »Die Zeit mit dir war schön,
  doch leider muss ich gehen,
  auf Wiedersehen.«
- Für Buddha-Chicks:
  »Wer den Abschied zulässt, findet innere Freiheit.«
- Für humorvolle Chicks:
  »Ich weiß, wie sehr ich dir fehle,
  ich weiß, wie sehr du mich brauchst,
  es tut mir leid, dass ich gehe,
  in Liebe, dein Hirn!«
- Für Chicks, die sich im fremdsprachigen Ausland befinden:
  » Auf Wiedersehen, Adieu, So long, Au revoir, Arrivederci und 再见 再見!«
- Für Chicks, die ihm noch einen letzten Tritt mit auf den Weg geben wollen:
  »Eine Trennung schmerzt immer, auch wenn man sich schon lange drauf freut.«

☞ *CHICKESCO-WELTKULTURERBE*[9] ☜

---
[9] Quelle: Chickipedia

Die CHICKESCO (*CHICK's Educational, Scientific and Cultural Organization*) ist eine internationale Sonderorganisation der Vereinten Nationen. Das erfasste Weltkulturerbe umfasst Kulturgüter, die von außergewöhnlicher Bedeutung sind und daher als Bestandteil des Welterbes der Chicks erhalten werden müssen.

Liste des CHICKESCO-Kulturerbes nach Herkunft:

Amerika:

Titel	Zitat	Song
Dirty Dancing	»Ich habe eine Wassermelone getragen.«	»Time of my life« von Bill Medley und Jennifer Warnes
Pretty Woman	»Sie verdienen 100$ die Stunde und halten ihre Stiefel mit Sicherheitsnadeln zusammen?«	»It must have been Love« von Roxette
Rendezvous mit Joe Black	»Ich wünschte mir, dass es dich richtig erwischt, ich will, dass du wie auf Wolken gehst, dass du vor Verzückung singst und tanzt wie ein Derwisch.«	»What a wonderful world« von Thomas Newman
Harry und Sally	»Das ist das Gute an einer Depression. Man schläft wenigstens aus.«	»It had to be you« von John Perry
Titanic	»Ich bin der König der Welt!«	»My heart will go on« von Celine Dion

Wie ein einziger Tag	»Die Geschichte prägt nur einen Moment, die Liebe dagegen ein ganzes Leben.«	»I'll be seeing you« von Billy Holiday
Schlaflos in Seattle	»Es war wie – Magie!«	»As time goes by« von Jimmy Durant
Nur mit Dir	»Du musst versprechen, dass du dich nicht in mich verliebst!«	»I dare you to move« von Switchfoot
Forrest Gump	»Das Leben ist wie eine Pralinenschachtel. Man weiß nie, was man bekommt.«	»Sweet Home Alabama« von Lynyrd Skynyrd
Don Juan de Marco	»Heute ist der erste Tag vom Rest deines Lebens.«	»Have you ever really loved a woman« von Bryan Adams

Europa:

Titel	Zitat	Song
Kokowääh	»Böse Kinder, die andere erpressen, darf man treten. Da kommt man sogar in den Himmel.«	»Stay« von Hurts
Sissi	» F R A N Z ! ! ! « ... »SISSI!!!«	Walzersoundtrack
Sissi – Die junge Kaiserin	»Ich spreche bereits die Sprachen, die Sie für so wichtig hielten: Deutsch, Kroatisch und Ungarisch. Und meine Zähne sind weißer denn je!«	noch mal Walzer

Sissi – Schicksalsjahre einer Kaiserin	»Dieses demonstrative Schweigen ist vernichtender als ein Attentat!«	und wieder Walzer
Keinohrhasen	»Du Arsch-Arsch-Pimmel!!!«	»Mr. Brightside« von The Killers
Vincent will Meer	»Er hat Tourette.« »Nein, das meinte ich so.«	»Hey soul sister« von Train
Himmel über Berlin	»Wie kann es sein, dass ich, der Ich bin, bevor ich wurde, nicht war, und dass einmal ich, der Ich bin, nicht mehr Der-ich-bin sein werde?«	Geigen, immer nur Geigen …
La Boum – Die Fete	»26 und noch Jungfrau, wie soll's da klingen?«	»Reality« von Richard Sanderson

Asien

Titel	Zitat	Song
Alles mit Shahrukh Khan	»अब आप गूगल के अनुवादक की कोशिश है«	»Yeh Tara Woh Tara« von Udit Narayan, Master Vignesh, Baby Pooja & Kids

☞ Artikel 216 ☜

Männliche Side-Chicks:
Der Testosteron-Ballon im Kopf eines Mannes führt dazu, dass
Männer keine echten Side-Chicks sein können.

> **Einzige Ausnahme:**
> Homosexuelle. Homosexuelle geben hervorragende Side-Chicks ab. Man kann mit ihnen zwar die Lesbenpärchen-Nummer vergessen, aber dafür »verschwinden« viel weniger Klamotten.

☞ Artikel 217 ☜

Bei Berichten über sexuelle Abenteuer und/oder Fehlschläge
darf ein Chick ihren befreundeten Chicks kein Detail verheimlichen, auch wenn sie sich die Hände vor Scham vor das Gesicht
halten muss.

☞ Artikel 218 ☜

Wer die Gefühle eines Chicks ernsthaft verletzt, zieht automatisch den Hass all ihrer befreundeten Chicks auf sich.

☞ Artikel 219 ☜

Wenn die Gefühle eines Chicks ernsthaft verletzt werden, ist es allen anderen Chicks bis zu dem Augenblick verboten, Witze darüber zu reißen, bis das verletzte Chick es selbst tut.

☞ Artikel 220 ☜

Die Einladung zum Abendessen ist ein Klassiker für eine Verabredung. Egal, ob im Vier-Sterne-Restaurant oder bei einer Packung Mirácoli: es gibt zwei einfache Regeln, die dein Gegenüber wie Butter in der Sonne schmelzen lassen.

1. Schließe während des Essens hin und wieder die Augen und lasse ein kehliges »Mmmmhhh…« hören.
2. Lecke beim Dessert etwas Eis oder Sahne von deinem Finger oder von der Unterseite deines Löffels und sieh ihm dabei in die Augen.

☞ Artikel 221 ☜

Ein Chick hat die heilige Pflicht, alles in ihrer Macht stehende zu tun, um ihrem Side-Chick zu ihrem Schwarm zu verhelfen. Ist dieser jedoch verheiratet, verlobt oder in einer festen Beziehung, ist sie von dieser Pflicht entbunden.

Artikel 222

Ein Chick sollte nicht zu hüftbetont tanzen, es sei denn, sie ist betrunken oder gibt vor, betrunken zu sein.

Artikel 223

Ein Chick wird keine Polizistin und geht auch nicht zur Bundeswehr. Allerdings nicht aus ethisch-moralischen Gründen, sondern aus textil-optischen Gründen.

Artikel 224

In der Warteschlange vor den Anprobekabinen ist der letzte legitime Zeitpunkt, um Kleidungsstücke auszusortieren und sie auf den nächstgelegenen Ständern zu entsorgen.

Artikel 225

Chicks hassen Französinnen. Außer sie sind Französinnen.

☞ Artikel 226 ☜

Chicks gehen immer zusammen einkaufen, wobei auf ein ausgewogenes Anprobier- und Eine-andere-Größe-holen-Verhältnis zu achten ist.

> **Hinweis:**
> Wenn ungeachtet dieser Regel in der Umkleidekabine nebenan ein Chick allein ist und eine ehrliche Meinung über ein anprobiertes Kleidungsstück braucht, wird jedes Chick diese stets ehrlich mitteilen.

☞ Artikel 227 ☜

Wenn ein Chick von einem wirklich tollen Typen gefragt wird, ob sie vielleicht Hilfe braucht, braucht sie auf jeden Fall Hilfe. Auch wenn es sich nur darum handelt, ein Gurkenglas zu öffnen. Für den unglücklichen Fall, dass sie dieses schon selbst geöffnet hat, muss sie nur den Deckel wieder fest draufschrauben.

☞ Artikel 228 ☜

Chicks tanzen auf Partys erst dann, wenn die Frauen, die beim Tanzen immer die Hände in der Luft kreisen lassen, fertig sind.

Artikel 229

Sollte es zwischen zwei Chicks zu einem Wettbewerb um einen Typen kommen, ist es erlaubt, sich dem Ziel gegenüber etwas nuttig zu benehmen. Dem gegnerischen Chick ist es erlaubt, auf ebendiesen Umstand hinzuweisen.

Artikel 230

Chicks lieben Karaoke.

Artikel 231

Chicks fangen gerne den Brautstrauß, allerdings nur, weil es einen Moment allgemeiner Aufmerksamkeit beschert.

Artikel 232

Chicks sind die besseren Strategen. Drücken wir es so aus: Die anderen pinkeln jetzt im Sitzen.

Chicklandia

Chicklandia ist ein mythisches Reich, von dem jedoch vermutet wird, dass es einen realen Hintergrund hat. Römische und griechische Manuskripte machen eine relativ genaue Beschreibung des Landes möglich, wenn auch nicht mit letzter Bestimmtheit gesagt werden kann, ob diese der Wahrheit entspricht. Wissenschaftlern zufolge sind für eine realitätsnahe Darstellung empfindlich wenige Ikea-Filialen vorhanden.

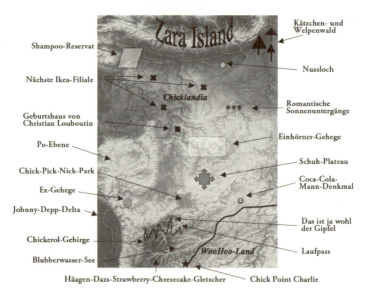

☞ Artikel 233 ☜

Wenn ein Chick sich ein neues Auto kauft, prüft es genau den Markt, das Preis-Leistungs-Verhältnis und vergleicht die infrage kommenden Fabrikate – und entscheidet sich dann für: das Blaue.

☞ Artikel 234 ☜

Zu einem neuen Auto (dem blauen) besorgt ein Chick auch immer ein paar passende Accessoires. Und gibt dem Ding endlich einen Namen.

☞ Artikel 235 ☜

Ein Chick wird unter gar keinen Umständen wie seine Mutter. Mütter sind keine Chicks.

☞ Artikel 236 ☜

Chicks können einem Lieblings-Kleidungsstück bis zu fünfzehn Jahre lang hinterhertrauern.

☞ Artikel 237 ☜

Chicks nennen ihren Freund aus Spaß vor seinen Kumpels »Schatzi« oder »Bärchen« und schwören dann, es nie wieder zu tun.

☞ Artikel 238 ☜

Chicks enthalten nicht besonders viel Eisen und sind auch kein Nebenprodukt der Weltraumforschung.

☞ Artikel 239 ☜

Wenn Chicks ihre befreundeten Chicks zu sich nach Hause einladen, räumen sie vorher ihre Wohnung auf, drapieren aber eine Decke oder eine Zeitschrift scheinbar hingeworfen auf dem Sofa, damit es nicht penibel aufgeräumt aussieht.

☞ Artikel 240 ☜

Chicks lieben Einrichtungs-Zeitschriften. Auch wenn sie ein Ein-Zimmer-Apartment in einem Studentenwohnheim bewohnen.

CIA – Chick Intelligence Agency

Die CIA ist ein ziviler Geheimdienst. Die Aufgabe der CIA ist die Spionage, die Beschaffung von Informationen sowie die Durchführung von Geheimoperationen.

Im Visier der Chick Intelligence Agency stehen die Bekämpfung der Untreue und die Überwachung potenzieller Verdächtiger.

Genaue Mitgliederzahlen liegen nicht vor, aber man vermutet, dass die CIA die größte Vereinigung dieser Art weltweit darstellt. Anonymen Quellen zufolge betrieb die CIA jahrelang Foltergefängnisse in verschiedenen Staaten (sowie mehrere Outlet-Stores).

Aber hey, ihr Jungs da draußen: Nur keine Angst. *Euch* werden sie schon nicht beim Fremdgehen erwischen.

Oder?

☞ Artikel 241 ☜

Wenn ein Chick von einem anderen Chick nicht zu ihrer Geburtstagsparty, Hochzeit oder sonst einer Feierlichkeit eingeladen wird, ist das kein Problem. Da macht sie kein großes Ding draus. Es steht ihr jedoch frei, diskret hinter dem Rücken dieses Chicks zu lästern, falls sie ein mittleres Ding draus machen möchte.

☞ Artikel 242 ☜

Ein Chick lässt nie zu, dass ein anderes Chick scheiße aussieht.

☞ Artikel 243 ☜

Wenn sich zwei Chicks sehr lieb haben, halten sie Händchen, tragen den gleichen Schmuck oder Freundschaftsbändchen.

Anmerkung:
Wolfgang Petry ist kein Chick.

Ein Freundschaftsbändchen ist nicht schwer, hier ein Basic:

1. Verknote vier ca. 90 Zentimeter lange Garnfäden. (Schön ist es, wenn die Farben harmonieren oder es ein Muster ergibt: wenn die Fäden, die nicht nebeneinanderliegen, die gleiche

Farbe haben, zum Beispiel blau-grün, blau-grün. Auf der kurzen Seite sollten ca. 10 Zentimeter überhängen.
2. Stecke eine Sicherheitsnadel durch den Knoten und befestige sie an deiner Jeans (falls du eine anhast und die nächste Viertelstunde nicht aufstehen musst.)
3. Ziehe die losen Bänder nun auseinander und lege diese fächerförmig nebeneinander.
4. Beginne mit dem Faden links außen und legen ihn über den danebenliegenden. Fädle ihn unter dem Faden durch und ziehe ihn wieder nach oben, sodass eine Schlinge entsteht. Festziehen und das Ganze noch mal wiederholen.
5. Der linke äußere Faden hat nun seine Position getauscht und wurde einen Schritt nach rechts verlegt. Jetzt lege diesen Faden wieder über den danebenliegenden rechten Faden und wiederhole das Knüpfen wie in der Anleitung beschrieben so lange, bis der Faden ganz nach rechts gewandert ist. Damit ist die erste Reihe fertig.
6. Die nächste Reihe beginnt wieder mit dem Faden, der ganz links liegt.
7. Das geht jetzt so weiter, bis das Bändchen die gewünschte Länge hat, anschließend wird es verflechtet, verknotet und mit dem überstehenden Garn vom Anfang um den Arm geknotet.

Zusatzregel:
Ein Freundschaftsbändchen bleibt so lange am Arm, bis es von alleine abfällt.

☞ Artikel 244 ☜

Ein Chick springt während Chicks-Songs in Unterwäsche in der Wohnung herum.
Chicks-Songs:
»I Will Survive«
»It's Raining Men«
»Girls Just Wanna Have Fun«
»Son of a Preacher Man«
»Theses Boots are made for Walking«
»Dancing Queen«

☞ Artikel 245 ☜

Ein Chick merkt sich alle Verfehlungen, Ausrutscher und Entgleisungen der anderen Chicks und benutzt sie im Notfall als Argument in einer Auseinandersetzung.

☞ Seine Mutter ☜

Seine Mutter ist die Einzige, die den Facebook-Beziehungsstatus »Es ist kompliziert« wirklich verdient hätte. Denn so sehr du auch möchtest, dass sie dich mag, und so sehr sie sich wünscht, dich zu mögen, kommt ihr um eine Sache nicht herum:

Du hast ihr den Sohn gestohlen und sie wird es dir niemals verzeihen. Das ist ein wissenschaftlicher Fakt. Bei dem Aufeinandertreffen von einem Chick und SEINER Mutter ist daher größte Vorsicht geboten.

Glücklicherweise stellt uns der *Chick Code* die wichtigsten Regeln zur Seite, die uns die Klippen eines Besuchs seiner Mutter umschiffen helfen:

1. Bei angekündigten Besuchen:
   - Entsorge die vertrockneten Pflanzen, sie befürchtet sonst, dass du ihre zukünftigen Enkel verdursten lässt.
   - Räume die Wohnung picobello auf und weise darauf hin, dass du wegen der heutigen Doppelbelastung Job/Haushalt nicht zum Aufräumen gekommen bist.
   - Verstecke Sexspielzeug, falls vorhanden, und überziehe das Bett mit dem Mutter-Bettwäsche-Geschenk von letztem Weihnachten.
   - Täusche Koch-Kompetenzen vor, indem du kleine Töpfchen mit frischen Kräutern in der Küche aufstellst. (Hinweis: Lerne unbedingt die Namen dieser Kräuter auswendig.)
   - Besorge einen guten Kuchen aus der besten Konditorei und bedaure, wegen besagter Doppelbelastung nicht öfter selbst backen zu können.
   - Nimm die Fotos von der letzten Motto-Party, auf der du als besoffenes Bienchen am Tisch eingeschlafen bist von der Pinnwand und tausche sie gegen ein paar Familienfotos aus. (Hinweis: Es muss sich nicht zwingend um deine Familie handeln.)

- Hole die Vase/Porzellanfigur/Makramee-Ampel aus dem Keller, die sie euch vererbt hat.
- Sorge dafür, dass dein Freund deine Bemühungen nicht durch:
  »Wieso ist es hier so sauber?«,
  »Was macht das Grünzeug in der Küche?« oder
  »Wo kommt der geklöppelte Scheiß her?« zunichtemacht.
- Stelle Sekt kalt, nichts stimmt so versöhnlich wie ein kleiner Schwips. (Hinweis: Sie sollte einen Schwips haben, oder ihr beide. Nie du allein.)
2. Bei unangekündigten Besuchen:
   Stell dich tot und mach die Tür nicht auf. So schnell bekommst du alles aus 1. nicht hin.
3. Gratuliere ihr immer zum Muttertag.
4. Sei freundlich.

Zusatz: Es sei denn, sie schwärmt von deiner Vorgängerin. Dann erkläre ihr den Krieg.

Sein Vater

1. Ist nett.

☞ Artikel 246 ☜

Chicks lieben und beschützen Tiere.

☞ Artikel 247 ☜

Chicks schlafen nie auf dem feuchten Fleck.

☞ Artikel 248 ☜

Wenn ein befreundetes Chick weint, ist es eine heilige Pflicht, diese zu trösten, auch wenn sie einfach nur besoffen ist.

☞ Artikel 249 ☜

Ein Chick hört sich die Beziehungsprobleme eines anderen Chicks bereitwillig an, auch wenn sie der Meinung ist, der Typ sei schlicht ein Trottel und sie hätte ihn schon längst auf den Mond schießen sollen.

☞ Artikel 250 ☜

Typen sind mitunter nicht ganz dicht. So traurig diese Erkenntnis auch sein mag, Chicks stehen seit Menschengedenken vor der schwierigen Aufgabe, Stalker zu erkennen und auszusortieren. Eine kurze Checkliste kann dabei helfen:

Ist er ein Stalker?	Ja	Nein
Er trägt stets Ferngläser und sagt, er sei extrem kurzsichtig.		
Ich kann ihn immer fragen, wenn ich etwas verlegt habe – obwohl er noch nie in meiner Wohnung war.		
Er weiß, was ich letzten Sommer getan habe.		
Manchmal sitzt er völlig überraschend in meinem Schrank.		

☞ Artikel 251 ☜

Chicks wissen, dass Männer im Ruhezustand ihre Hirnströme um 90 Prozent herunterfahren. Deswegen klatschen sie in die Hände und rufen laut »Tor!« oder »Titten!«, wenn sie die ungeteilte Aufmerksamkeit ihres Freundes wollen.

☞ Artikel 252 ☜

Chicks verstecken Dinge im Kühlschrank. Wenn ein Typ noch nicht mal die Butter dort findet, scheint es dort relativ sicher zu sein.

☞ Artikel 253 ☜

Wenn ein Chick zufällig auf das Handy oder den Mail-Posteingang ihres Freundes stößt, kann sie auch mal kurz über moralische und ethische Kleinkariertheit hinwegsehen.

☞ Artikel 254 ☜

Chicks kaufen keine Feuerzeuge, Flaschenöffner oder andere Gebrauchsgegenstände in Form von primären Geschlechtsorganen.

☞ Artikel 255 ☜

Chicks überkommt in einer Beziehung immer wieder der irrationale Wunsch, die Öffnungen von Babyklappen wären mindestens 1,80 Meter groß.

☞ Artikel 256 ☜

Chicks essen Nutella mit dem Löffel.

☞ Artikel 257 ☜

Wird ein Chick von ihrem Freund betrogen, so entsteht zwischen den befreundeten Chicks und dem Betreffenden eine Feindschaft bis über den Tod hinaus.

Anmerkung:
Im Falle einer Wiedervereinigung lässt die CIA den Kerl nicht aus den Augen.

☞ Artikel 258 ☜

Ein Chick kann mindestens einen Cocktail mixen.
Bewährt hat sich hierfür der Chickerol, der aus der aufregenden
Dreiecksbeziehung von Aperol Sprizz, Hugo und Chicks geboren
wurde:[10]

CHICKEROL – DAS SCHIRMCHENGETRÄNK

Zutaten:
- 1 Limette
- 2 Teelöffel brauner Rohrzucker
- 4cl Aperol
- 6cl Prosecco
- Mineralwasser nach Geschmack
- Eiswürfel
- Orange
- Schirmchen
- Strohhalm
- Messer, Stößel

Und so wird's gemacht:
1. Die Limette achteln (in Stücke schneiden) und zusammen mit dem Zucker in ein Glas geben.
2. Mit dem Stößel im Glas herumdrücken, bis der Saft aus den Limettchen geht.
3. Das Eis in ein Handtuch wickeln und mit einem Hammer wie eine Irre draufschlagen.
4. Das Crushed Ice in das Glas mit dem Limetten-Zucker-Zeug füllen.

---

10 Für die Rezepte für Aperol Sprizz und Hugo könnt ihr bei Chickipedia nachsehen.

5. Aperol, Prosecco draufschütten und mit Mineralwasser abschmecken.
6. Mit einem Löffel gut durchrühren, Obst und Schirmchen an den Rand, Strohhalm rein, fertig.

Zu fortgeschrittener Stunde geht das Rezept so:

7. Limette, Zucker, Eiswürfel und irgendeinen Schnaps in den Mixer geben, Deckel drauf (wichtig!), einmal durchmixen, fertig.

Alex und Sue sagen: Prösterchen![11]

☞ Artikel 259 ☜

Chicks sind aufgrund ihrer höchst empfindlichen Synapsen in der Lage, eine enge emotionale Bindung zu unbelebten Gegenständen herzustellen. Zum Beispiel zu einem Kleid in einem Schaufenster.

---

[11] **Tipp:** Vor dem Schlafengehen eine Kopfschmerztablette mit einem großen Glas Wasser einnehmen. Für die Globuli-Gläubigen unter euch: Nux vomica D12.

☞ Artikel 260 ☜

Chicks haben keine Angst vor Spinnen – sie haben nur Angst davor, dass die Scheißviecher nach dem Einsaugen wieder aus dem Staubsauger herauskrabbeln könnten.

☞ Artikel 261 ☜

Chicks verfügen über ein Vollhonk-Abwehrsystem. Dies tritt in Anmach-Situationen in Kraft, wenn friedliche Mittel wie Wegdrehen, Ignorieren und Augenverdrehen ausgeschöpft sind. Mit dem Vollhonk-Abwehrsystem können mehrere Ziele gleichzeitig bekämpft werden. Es wurde eine Vielzahl von Systemen entwickelt, die sich nach Einsatzzweck, Halbwertszeit und individueller Bösartigkeit unterscheiden. Ein klassisches Abwehrsystem, das Chicks aus dem Effeff beherrschen, sind diese Schmettersätze:[12]

1. Vollhonk: »Hab ich dich nicht schon mal irgendwo gesehen?«
   Chick: »Ja, deshalb gehe ich da nicht mehr hin.«
2. Vollhonk: »Ist dieser Platz frei?«
   Chick: »Ja, und wollen wir es nicht dabei belassen?«
3. Vollhonk: »Kann ich dir einen ausgeben?«
   Chick: »Nein danke, ich möchte lieber das Geld.«
4. Vollhonk: »Stört es dich, wenn ich rauche?«
   Chick: »Mich stört es nicht mal, wenn du brennst!«

---

[12] Quelle: Internet, anonym

5. Vollhonk: »Wow, ist das voll hier, was?«
   Chick: »Dann mach doch Platz!«
6. Vollhonk: »Ich bin Fotograf und suche nach einem Gesicht wie deinem.«
   Chick: »Ich bin plastische Chirurgin und suche nach einem Gesicht wie deinem.«
7. Vollhonk: »Hatten wir nicht mal eine Verabredung? Oder sogar zwei?«
   Chick: »Es muss eine gewesen sein. Ich mache nie denselben Fehler zweimal.«
8. Vollhonk: »Wie kommt es, dass du so schön bist?«
   Chick: »Ich hab deinen Anteil noch dazubekommen.«
9. Vollhonk: »Gehst du am Samstag mit mir aus?«
   Chick: »Tut mir leid, dieses Wochenende habe ich Kopfschmerzen.«
10. Vollhonk: »Bei deinem Gesicht drehen sich sicherlich einige Köpfe nach dir um.«
    Chick: »Bei deinem Gesicht drehen sich sicherlich einige Mägen um.«
11. Vollhonk: »Ich denke, ich könnte dich sehr glücklich machen.«
    Chick: »Wieso? Gehst du schon?«
12. Vollhonk: »Was würdest du sagen, wenn ich dich bitten würde, meine Frau zu werden?«
    Chick: »Nichts. Ich kann nicht gleichzeitig reden und lachen.«
13. Vollhonk: »Sollen wir einen guten Film ansehen?«
    Chick: »Den kenn ich schon.«
14. Vollhonk: »Wo warst du mein ganzes Leben lang?«
    Chick: «Wo ich den Rest deines Lebens sein werde – nicht da.«
15. Vollhonk: »Dein Körper ist wie ein Tempel.«
    Chick: »Heute ist aber keine Messe.«
16. Vollhonk: »Wenn ich dich nackt sehen könnte, würde ich glücklich sterben.«
    Chick: »Wenn ich dich nackt sehen würde, würde ich vor Lachen sterben.«
17. Vollhonk: »Was machst du beruflich?«
    Chick: »Ich arbeite als Frauen-Imitator.«

18. Vollhonk: »Du hast wunderschöne Augen.«
    Chick: »Das ist nicht das Einzige, was uns unterscheidet.«
19. Vollhonk: »Gibst du mir deine Telefonnummer?«
    Chick: »Steht im Telefonbuch.«
20. Vollhonk: »Und wie heißt du?«
    Chick: »Steht rechts daneben.«
21. Vollhonk: »Ich habe einfach keinen Erfolg bei Frauen!«
    Chick: »Dann lass es doch mal einen anderen Mann versuchen!«

☞ *Artikel 262* ☜

Chicks wissen ganz genau, wie man den saublöden DVD-Player programmiert.

☞ *Artikel 263* ☜

Eine unüberwindbare Stolperfalle auf dem straighten Weg eines Chicks kann ein winziges Grübchen sein.

☞ *Artikel 264* ☜

Chicks finden nicht einen einzigen Tiger-Woods-Witz lustig.

Artikel 265

Depp ist für Chicks ein akzeptabler Nachname.

Artikel 266

Chicks finden starre Botox-Gesichter grässlich und sind der Meinung, die Leute sollten in Würde altern. Deswegen kann man ja trotzdem hoffen, dass die Medizin bis zum eigenen Altern ein paar Fortschritte gemacht hat.

Artikel 267

»Trester leeren«, »Wasser nachfüllen«, »Gerät spülen«, »Bohnen nachfüllen« und »Gerät reinigen« ist nicht das, was Chicks von einem Elektroknecht hören möchten.

Artikel 268

Hatte ein Chick Streit mit ihrem Freund, schläft sie in der Nacht extra lange nicht ein, um zu hören, ob er vielleicht noch irgendetwas sagt und sie sich daraufhin schlafend stellen kann.

☞ Artikel 269 ☜

Chicks legen sich mit einem Ohr auf den Bauch ihres Freundes und hören sich das Gegurgel da drin an.

☞ Artikel 270 ☜

Wenn ein Chick bei einem anderen Chick übernachtet, darf es am nächsten Tag in der Dusche all deren Haarshampoo-Duschgel-Creme-Töpfchen-Conditioner benutzen, die am Rand stehen.

☞ Artikel 271 ☜

Chicks gehen in den Zoo und bedauern dort die Tiere (während sich ihr Freund überlegt, welches wohl am besten schmeckt).

Artikel 272

Die feministischen Prinzipien eines Chicks lösen sich schlagartig in Luft auf, wenn sie mit einem Mann im gleichen Bett schläft und nachts ein Geräusch auf dem Flur zu hören ist. Sie fügen sich jedoch sofort wieder zusammen, sobald er überprüft hat, dass nichts war.

Artikel 273

Ein Chick lässt ein anderes nie betrunken in einer Kneipe zurück, sondern wird immer dafür sorgen, dass sie wohlbehalten nach Hause kommt. Wozu sind Einkaufswägen schließlich da?

Das erste Date – eine Geschichte voller Missverständnisse

Es war einmal ein Chick, das wurde zu ihrem ersten Date mit einem wirklich, wirklich tollen Typen dazu eingeladen, mit ihm Wasserski fahren zu gehen. An einem heißen Sommertag, mit frisch epilierten Beinen und einem neuen Bikini, bestieg sie mit dem wirklich tollen Typen ein kleines Motorboot und gemeinsam fuhren sie auf den glitzernden See hinaus. Das Chick war zuvor noch nie Wasserski gefahren, stellte sich aber mutig auf die Bretter und los ging's.

Nachdem sie ein paarmal lachend ins Wasser gefallen war, hielt sie sich tapfer auf den Skiern – bis sie die Beine zu sehr anwinkelte und ihr Hinterteil bei voller Fahrt ins Wasser tauchte. Das unangenehme Gefühl, das sich dabei einstellte, rührte von einem Kubikliter Seewasser, das sich, einem Einlauf gleich, Platz in ihrem Darm suchte.

Das Ende der Geschichte ist unschön und ging auch für die weißen Ledersitze des Motorboots nicht gut aus und der gar nicht mal so tolle Typ erzählte es allen seinen Freunden.

Das Chick war fortan traumatisiert und fragte jahrelang ihr Side-Chick: »Du sagtest, irgendwann würde ich darüber lachen – weißt du schon Näheres wegen des Datums?« Das erste Date ist wichtig. Und es kann so viel in die Hose gehen.

1. Falls ihr in ein Restaurant geht: Suche ein Restaurant mit nicht zu exotischer Küche aus. Das heißt nicht, dass es nur Hühnersuppe geben darf – es genügt, wenn du dir bei ein paar Gerichten sicher bist, dass sie nicht rasenden Durchfall oder schlimme Blähungen auslösen.

2. Ist ein Restaurant gefunden, bestelle, was du gerne isst, aber vermeide Gerichte, bei deren Verzehr dein Gegenüber schon in Liebe entbrannt sein muss, damit er den Anblick aushält:
   - Schweinefüße
   - Kutteln
   - Hummer, falls es dein erster Hummer wäre
   - Alles, von dem du nicht weißt, was es ist, weil die Karte auf Französisch-Polynesisch oder Hiutu ist: Gehe zurück zu Regel 1.
3. Vermeide es, über deinen Exfreund zu sprechen. Besonders wenn du immer rasend wütend wirst, wenn du es tust.
4. Wenn er dir gefällt, schlage nach dem Essen einen Lokalwechsel vor. Wenn er dir nicht gefällt, schlage ihm andere Dating-Partner vor.
5. Wenn ihr noch weiterzieht: Geht in einen Laden, der gut überfüllt ist. So kommt man sich näher, ob er will oder nicht.
6. Alkohol: Wähle Getränke, mit denen du dich auskennst. Keine Mix-Getränke, die du noch nie probiert hast. Falls du Mix-Getränke trinkst, die du noch nie probiert hast, und deren Wirkung dramatisch unterschätzt: Versuche zu vermeiden, im Minirock auf dem Tisch zu tanzen und bei jedem neuen Lied »WOO-HOO!!!!« zu rufen.

☞ Artikel 274 ☜

Wenn in der Zeitung steht, dass es in Deutschland noch viele Blindgänger gibt, denkt ein Chick sofort liebevoll an ihre Exfreunde.

☞ Artikel 275 ☜

Ein perfekter Moment für ein Chick kann schon sein, frisch geduscht und mit frisch rasierten Beinen in ein frisch überzogenes Bett zu gehen.

☞ Artikel 276 ☜

Wenn ein Chick ein neues Lieblingslied hat, kann es dieses zehntausend Mal hören. Und dann noch mal.

☞ Artikel 277 ☜

Hat ein Mann das Glück, dass sich ein Chick in ihn verliebt, so wird sie ihn mit Liebesbeweisen überhäufen. Sie wird:

- von seinem Bier mittrinken,
- von seinem Tellerchen essen,
- neben ihm sitzen und ihre Füße auf seinen Schoß legen,
- seine T-Shirts als Nachthemden anziehen und
- im Bett die kalten Füße ohne Vorankündigung zwischen seinen Oberschenkeln wärmen.

☞ Artikel 278 ☜

Ähnlichkeiten, die ein Chick zwischen einem Mann und ihrem Computer entdeckt:

- Man muss sie anmachen, damit sie überhaupt funktionieren.
- Sie sollen zwar eher Probleme lösen, sind aber in den allermeisten Fällen selbst das Problem.
- Kaum hat man sich für einen entschieden, kommt kurz darauf ein besserer.

Artikel 279

Chicks schicken sich Mails, in denen Männer schlecht wegkommen:
An: bestsueoftheworld@gmail.com
Von: alexköniginderherzen@gmail.com
Betreff: Männer hihi

---

hihi, guck mal

Vorteile von Gurken:

- Du kannst eine Salatgurke im Supermarkt zunächst betasten, um zu entscheiden, welche mit nach Hause genommen wird.
- Eine Salatgurke akzeptiert, wenn du deine Ruhe haben willst.
- Eine Salatgurke wird niemals fragen: »Bin ich die Beste?«
- Eine Salatgurke würde niemals anderen Salatgurken erzählen, was zwischen euch gelaufen ist.
- Eine Salatgurke wird dich niemals bitten, mit Stiefeln ins Bett zu gehen.
- Man kann sie essen.
- Eine Salatgurke ist niemals eifersüchtig auf andere Salatgurken.
- Salatgurken reden nicht über Dinge, die sie nicht verstehen.
- Egal wie alt du bist, du kannst immer eine frische Salatgurke haben.

- Salatgurken essen nicht deinen Kühlschrank leer oder saufen deinen Alkohol aus.
- Salatgurken lassen nicht überall ihre dreckigen Unterhosen liegen.
- Eine Salatgurke verlässt dich nie ...
   - ... wegen einem anderen Mann.
   - ... wegen einer anderen Frau.
   - ... wegen einer anderen Salatgurke.
- Du wirst später niemals enttäuscht feststellen müssen,
   - ... dass deine Gurke verheiratet ist,
   - ... dass deine Gurke kokst,
   - ... dass deine Gurke dich zwar mag, aber deine Schwester liebt.
- Du musst nicht bis zur Halbzeit warten, um mit deiner Gurke zu reden.
- Salatgurken erwarten nie von dir, eines Tages kleine Gürkchen zu haben.
- Eine Salatgurke krümelt nicht in dein Bett.
- Eine Salatgurke kommt nicht spätabends besoffen nach Hause und bringt ihre Freunde mit.

☞ Artikel 280 ☜

Chicks lieben selbstklebende Riesen-Blumen-Sticker, die man an die Wand kleben kann.

☞ Artikel 281 ☜

Chicks sind so emanzipiert, dass sie ihre Erwartungen schon ganz alleine enttäuschen können.

☞ Artikel 282 ☜

Was ein Chick nicht zum Altar bringt, macht sie nur noch härter.

☞ Artikel 283 ☜

Hofft ein Chick auf ein bestimmtes Geschenk zu Weihnachten, Geburtstag oder einem anderen Feiertag, so macht sie ihren Freund darauf aufmerksam, indem sie ihm zwei Wochen vor dem 24. den Arm auf den Rücken dreht und ihn dreimal laut wiederholen lässt, was sie sich wünscht.

☞ Artikel 284 ☜

Wenn ein Typ, ob allein oder in geselliger Runde, mal wieder auf den naturgegebenen Vorzug verweist, dass Jungs im Stehen pinkeln können, verweist ein Chick auf die Fähigkeit zu multiplen Orgasmen, was ja auch nicht schlecht ist.

☞ Artikel 285 ☜

Wenn ein Chick noch ein kleines Hühnchen ist, streichelt sie das Fahrrad ihrer heimlichen ersten Liebe.

☞ Artikel 286 ☜

Chicks ziehen sich auf der Rückbank im Taxi um.

☞ Artikel 287 ☜

Chicks kommen wahrscheinlich in die Hölle. Aber wenigstens mit VIP-Bändchen und Freigetränk.

Artikel 288

Wenn ein Chick morgens aufwacht und der erste Dialog mit dem Herrn neben ihr so abläuft:

Er: »Guten Morgen.«

Chick: »Guten ... was machst du in meinem Bett?«,

kann es zu Missverständnissen kommen. In der Regel besteht das Missverständnis darin, dass er auf

a) ein Frühstück

b) eine Guten-Morgen-Nummer

hofft. Falls dem Chick nach beidem nicht der Sinn steht, hat sie eine Geheimwaffe, um ihn zügig aus Bett und Wohnung zu bekommen:

»Weißt du, was einige weibliche Spinnen nach dem Sex tun?«

Artikel 289

Einige Vollpfosten, die ein Chick mit Vorsicht genießen sollte: (Nicht, dass sie das tun würde – vor allem nicht, wenn derjenige süße Grübchen vorzuweisen hat –, aber sagt nicht, ihr wärt nicht gewarnt worden. Personen und Handlungen sind frei erfunden, Ähnlichkeiten mit Verflossenen der Autorinnen sind selbstverständlich reiner Zufall.

Außer bei Autisten-Uli.)

1. Peter Pan

Er spielt euch was auf der Gitarre vor, zeichnet tolle Comics oder schreibt Kurzgeschichten. Neigt zu Stimmungsschwankungen.

Toll: Verliebt er sich, handeln alle Songs, Comics und Kurzgeschichten von euch.

Nicht so toll: Logische Verknüpfungen wie Klamotten – Schrank, Job – Geld sowie putzen – sauber sind ihm vollkommen fremd.

2. Meister Proper

Er treibt viel Sport und so sieht er auch aus, das Sixpack hat er nicht unterm Arm, sondern da, wo es hingehört, weswegen er die T-Shirts hauteng trägt. Er ist meistens verziert mit Drachentattoos, chinesischen Zeichen oder Tribals um den Bizeps.

Toll: Er kann dich ins Schlafzimmer tragen.

Nicht so toll: Er ist in etwa so schlau wie zehn Meter Feldweg.

3. Schnabbel

Schnabbels Paradies ist ein Leben aus der Bausparkassenwerbung. Eigenheim, Auto, Frau und Kinder (2) sind bei ihm zu einem klebrigen Sumpf verschmolzen, in dem er sich suhlen möchte, da täuschen auch das Motorrad in der Garage und der Bungee-Sprung vor vier Jahren nicht drüber hinweg.

Toll: Chicks, deren Lebensplanung Eigenheim, Auto, und Kinder (2) vorsieht, sind perfekt aufgehoben. Zumindest so lange, bis sie vor Langweile die Wände hochgehen.

Nicht so toll: Statt in Vegas die Sonne zu putzen, wienert man mit Glasreiniger an den Fensterscheiben des Eigenheims herum.

4. Autisten-Uli

Uli hat alles im Griff. Sein Leben, seinen Job, seine Beziehung. Vorausgesetzt, er kann Gefühle da raushalten. Über die spricht er auch nicht, und was das mit dem »Ich liebe dich« immer soll, ist ihm auch nicht ganz klar. Ist eh alles nur Biologie und Hormonzeug.

Toll: Er macht jeden Peter Pan in seiner Umgebung zum Traummann.

Nicht so toll: Er macht jeden Peter Pan in seiner Umgebung zum Traummann.

5. Michi Wichtig

Er hat mit dem DJ Hubba Bubba in einem Zug gesessen, Jürgen Drews die Hand geschüttelt und schon mal einen Zeitungsartikel verfasst. Außerdem begrüßt ihn jeder Clubbesitzer mit Handschlag und die VIP-Bändchen an seiner Jacke wedeln dabei lustig.

Toll: Man kommt überall umsonst rein.

Nicht so toll: Er ist peinlich.

6. **Hugo Ego Mane**
   Er glaubt fest an seine Brillanz und die Unfehlbarkeit seines überragenden Ichs. Das macht es unnötig, an seinen Entscheidungen zu zweifeln, weshalb die Welt gut daran tut, um seinen Bauchnabel zu kreisen. Er zeigt erstaunliches Durchhaltevermögen, über sich, seinen Bauchnabel oder seine Interessen zu schwadronieren.
   Toll: Er lässt einen vollkommen in Ruhe, solange man hin und wieder nickt.
   Nicht so toll: Man muss dabei einen MP3-Player im Ohr haben.
7. **Ben, der Bindungsphobiker**
   Er sieht toll aus, ist charmant, witzig und die Chicks fallen reihenweise vor Verzückung in Trance, wenn sie ihm begegnen. Warum er trotzdem noch Single ist? Er ist »schrecklich verletzt« worden und sucht jetzt die Richtige – auf seiner Suche hinterlässt er jedoch eine Armee gebrochener Hühnchenherzen.
   Toll: Man muss nie seine Eltern kennenlernen.
   Nicht so toll: Da wird nichts draus, und wenn ihr die Königin von Saba seid.
8. **Super-Beau**
   Super-Beau hat eine Haut, die ebenso glatt und makellos ist wie sein Image. Schimmerndes Haupthaar, die weißesten Zähne und nie ein Fleck auf dem Pulli. Er kommt aus gutem Hause und gibt sich nur mit dem Besten zufrieden. Er fährt ebenso gut Snowboard wie das Auto, das ihm Papa geschenkt hat, und eure Mutter macht ihm in eurem Namen einen Heiratsantrag, wenn sie ihn kennenlernt.
   Toll: Er.
   Nicht so toll: Man fühlt sich an seiner Seite kleiner als sonst und eure Mutter macht ihm in eurem Namen einen Heiratsantrag, wenn sie ihn kennenlernt.

☞ Artikel 290 ☜

Das Side-Chick ist dazu verpflichtet, Wache zu stehen, falls ein Chick in der freien Natur ein dringendes Bedürfnis verspürt und hinter einem Baum zum Pinkeln verschwindet.

> **Hinweis:**
> Obwohl es wenige Dinge gibt, die einem Chick wirklich peinlich sind, zählt »*mit blankem Hintern vom Wandersportverein Lustige Sohle e.V. überrascht zu werden*« zu den tendenziell eher unangenehmen Dingen. Ein verantwortungsvolles Side-Chick wird folglich alles in ihrer Macht Stehende unternehmen, um einem dies zu ersparen. Es soll schon Side-Chicks gegeben haben, die komplette Truppenzüge eines Militärmanövers zum Stehen gebracht haben.

☞ Artikel 291 ☜

Im Leben jedes Chicks gab es mindestens einen Vampir-Darsteller, den sie sexy fand.

☞ Artikel 292 ☜

Sind zwei Chicks miteinander verabredet, bringt keine von beiden ein drittes Chick zur Verabredung mit. Auch nicht, wenn sie vorher gefragt hat, ob es okay wäre.

☞ Artikel 293 ☜

Wenn einem Chick saulangweilig ist, färbt sie sich die Haare oder schneidet zumindest ein bisschen an ihnen herum. Oder sie streicht die nächste Wand lila-aubergine-brombeer-erdfarben.

☞ Artikel 294 ☜

Wenn ein Chick plötzlich viel mehr mit einem anderen Chick rumhängt als mit seinem Side-Chick, ist das schon okay. Das Side-Chick nimmt ihr das nicht übel. Sie ist aber durchaus dazu berechtigt, die Neue statt mit ihrem Namen »Die Dings« zu nennen.

☞ Artikel 295 ☜

Wenn zwei Chicks sich verabreden und eins von beiden immer zu spät kommt, ist es völlig legitim für das andere Chick, später von zu Hause loszugehen und zu behaupten, sie warte schon ewig.

☞ Artikel 296 ☜

Die korrekte Antwort auf
»Warum hast du Glitzer im Gesicht?« kann nur lauten:
»Warum hast du keinen Glitzer im Gesicht?«

☞ Artikel 297 ☜

Wird ein Chick mit Unverschämtheit konfrontiert, kann sie sich schon mal in der Nase des Urhebers verbeißen.

☞ Artikel 298 ☜

Liebe Chicks,
falls ihr euch auch schon immer gefragt haben solltet, um was es sich bei einer sogenannten Männerdomäne handelt:
Das ist nur das Pupsen unter der Bettdecke und das anschließende Riechen unter selbiger.

Trennungs-special

- Chicks wissen: Liebeskummer und Trennungsschmerz lässt sich verdünnen. Je mehr darüber gesprochen wird, desto besser ist er zu ertragen. Er kann sogar so stark verdünnt werden, dass er nicht mehr nachweisbar ist. Das Verhältnis richtet sich nach der Anzahl der Gesprächspartnerinnen: Ein Side-Chick, vier andere Chicks, eine Mutter und eine große Schwester ergeben zum Beispiel das Verhältnis 1 : 7.
- Ein Side-Chick achtet darauf, dass ein Chick nach einer Trennung nicht auf große Shopping-Tour geht, bevor sie nicht emotional stabilisiert ist.
- Ausnahmen:
  1. Das Chick hat im Lotto gewonnen.
  2. Die Einkäufe können umgetauscht werden.
  3. Das Side-Chick ist eine geeignete Abnehmerin für die Frustkäufe, die nicht passen.
- Unmittelbar nach der Trennung und bis zur Genesung sind Fotos, auf denen er oder beide zu sehen sind, in die Wohnung eines befreundeten Chicks auszulagern. Digital gespeichertes Fotomaterial wird auf einer externen Festplatte ebenfalls dort untergebracht und vom eigenen Computer oder der Digitalkamera gelöscht.
  (Hierbei handelt es sich um eine sogenannte Not-me-Regel: Alle finden sie gut und keine hält sie ein.)
- Bittet ein Chick zwecks Hilfe nach einer Trennung zu sich nach Hause, so bedeutet »u. A. w. g« in diesem Fall: »Um Alkohol wird gebeten.«
- Kartenleger, Astrofuzzis und Magische Rituale helfen nach Trennungen überhaupt nichts. Deswegen sucht ein Chick dort auch so gut wie nie Hilfe.
- Chicks schmeißen ihren Ex nicht von der Facebook-Freundesliste. Sie warten darauf, dass jemand den Schubsen-Button erfindet.
- Ein Chick sollte nach einer Trennung das 90-Tage-Prinzip befolgen:

Das 90-Tage-Prinzip

Unmittelbar nach einer Trennung tritt das 90-Tage-Prinzip in Kraft, welches ein sofortiges Kontaktverbot vorschreibt. 90 Tage bilden den statistischen Mittelwert, nach dem ...

- der Frustspeck der ersten Trennungswochen wieder runter ist,
- das Chick bei einem zufälligen Treffen mit dem Ex nicht mehr in Tränen ausbricht,
- ein Sprungbrett gefunden ist,
- sie nicht mehr an ihn denkt. Zumindest nicht ununterbrochen.
- die neue, peppige Frisur wieder rausgewachsen ist,
- sie weiß, dass »Freunde bleiben« keine Option ist,
- selbst das Side-Chick das Gejammer nicht mehr hören kann.

Um das 90-Tage-Prinzip einhalten zu können, hilft es, die Tage ausstreichen zu können und sich von Belohnung zu Belohnung zu hangeln. Hier eine Auswahl:

Dein 90-Tage-Kalender

1	2	3	4 1 Paar neue Schuhe	5	6	7
8 Maniküre & Pediküre	9	10	11	12 Partynacht mit dem Side-Chick	13	14
15	16 2 neue Kleidungsstücke	17	18	19	20 Lange Kino-Nacht mit den befreundeten Chicks	21
22	23	24 Jahresabo der Lieblingszeitschrift bestellen	25	26	27	28 Porträt-Fotoshooting
29	30	31	32 Eine Wand brombeerfarben streichen	33	34	35
36 Das neue iPhone	37	38	39	40 Abend-Make-Up mit Hausbesuch	41	42
43	44 Massage nach Wahl	45	46	47	48 Zwergenwerfen (hey, keine Ahnung, was euch so aufheitert...!)	49
50	51	52 1 Ausflug dorthin, wohin Ryanair günstig Flüge anbietet	53	54	55	56 Konzertkarten des Lieblingsstars buchen
57	58	59	60 Gleitschirm-Tandemflug	61	62	63
64 Wellnesswochenende mit dem Side-Chick	65	66	67	68 Personal Trainer	69	70
71	72 Rückführung in frühere Leben	73	74	75	76 Ausreiten	77
78	79	80 Nachtschlittenfahrt	81	82	83	84 Indisch essen gehen
85	86	87	88 Kochkurs Thai	89	90 Capoeira-Schnupperkurs	

☞ Artikel 299 ☜

Ein Chick hat mindestens ein Kleid oder eine Hose-Oberteil-Kombi im Schrank, die sie anzieht, wenn sie den Neuen verführen will. Oder wenn sie zumindest will, dass er es versucht, um dann ein anderes Mal darauf zurückzukommen.

☞ Artikel 300 ☜

Ein Chick fährt im Autoscooter selber.

☞ Artikel 301 ☜

Wenn ein Chick eine Erkältung bekommt, geht sie in die Stadt und kauft sich etwas dagegen. Schuhe zum Beispiel.

☞ Artikel 302 ☜

Wenn Chicks aufeinander zugehen, müssen sie schon zwanzig Meter vorher grinsen.

☞ Artikel 303 ☜

Ein Chick reinigt Aschenbecher mit dem Staubsauger.

☞ Artikel 304 ☜

Eine Gegendarstellung:

Es begab sich eines Morgens, dass ein Chick extra lange im Bad blieb, in der Hoffnung, dass sich ihr One-Night-Stand in aller Stille trollen möge. Auch wenn besagter One-Night-Stand die Geschichte völlig anders darstellt (vgl. Der Bro Code, S. 46)*, so ist es doch wahr, dass er unerlaubterweise einen Blick auf dieses rosa Werk riskierte, bevor er die Hoffnung aufgab, dass sie jemals wieder aus dem Bad kommen würde – und sich trollte.*

Vermutlich waren es die Auswirkungen einer postkoitalen Katatonie,[13] die seine Erinnerungen an das Gelesene trübten, weshalb wir hier einige Behauptungen richtig stellen.

Also ihr lieben Schnuffel:

---

[13] Postkoitale Katatonie, die: Zustand geistiger Unzurechnungsfähigkeit, in dem sich Männer bis zu zwölf Stunden nach einem vollzogenen Geschlechtsakt befinden.

- »Eine Braut sollte nicht mit dem Exfreund einer anderen Braut schlafen, es sei denn, sie tut es.«
  - *Gemäß Fußnote 1 muss es nach dem Komma natürlich heißen: »es sei denn er ist Johnny Depp.«*
- »Eine Braut zahlt nie die Rechnung. Egal, wofür.«
  - *Dieser Satz ist wahrheitsgemäß wiedergegeben. Er hat ja auch nicht so viele schwere Wörter wie die anderen. Gut gemacht!*
- »Wenn zwei Bräute in Streit geraten, dann machen sie gehässige Bemerkungen oder ignorieren einander, statt die Sache mit den Fäusten auszutragen und die jeweils andere zu zerlegen.«
  - *Alles andere ist eine Phantasie von Bros, in der außerdem Schlamm und knappe Bikinis tragende Rollen spielen.*
- »Wenn eine Braut einen Frauenpower-Song à la »I will survive« hört, muss sie alles stehen und liegen lassen, eine andere Braut an der Hand nehmen und den Text aus vollem Hals mitkreischen.«
  - *Das stimmt! Weil wir uns Oleoleoleole einfach nicht merken können.*
- »Eine Braut darf sich einen Schoßhund zulegen, aber nur, wenn er in ihren Briefkasten passt.«
  - *Das ist nur fast richtig. Tatsächlich gibt es ein altes Gesetz, welches besagt: Ein Chick darf sich einen Briefträger zulegen, aber nur, wenn er in ihren Schoß passt. Dieses Gesetz wurde jedoch 1857 als »wider die guten Sitten« aus dem Text gestrichen.*
- »Wenn zwei Bräute das gleiche Kleid tragen, ist jede dazu berechtigt, über das der anderen einen Drink zu schütten.«
  - *Wenn zwei Bräute auf einer Hochzeit auftauchen, ist die Kleiderfrage das geringste Problem.*

⚯ »Eine Braut darf kein Motorfahrzeug sicher bedienen.«

 ⚭ *Was jede Unfallstatistik zweifellos bestätigt.*

⚯ »An Halloween kann eine Braut ordentlich einen drauf machen.«

 ⚭ *Stimmt! Und:*

Am Tag der Deutschen Streicheleinheit,

am Ersten Mai-Thai,

an WhooHoo-Höllenfahrt,

am Obstlermontag,

an Oh! N'Leichnam!,

in den Blubberwasserwochen,

an Heilig Drei Schönlinge,

am Garfreitag,

an Mariä Unbefleckte Empfähähähängnis,

am Schwestersonntag,

und Spinnstmontag.

Am Internationalen Tag der Wärmflasche,

am Internationaler Tag des Häagen Dazs,

an Dramadan

sowie an allen Brückentagen, Lückentagen, Lockentagen, Chicktagen, Urlaubstagen, Tagetagen, Abendtagen, Feiertagen, Reihertagen, Vortagen, Nachtagen, Nachtragen und Ladenöffnungstagen.

☞ *IKEA – Eine Anleitung*

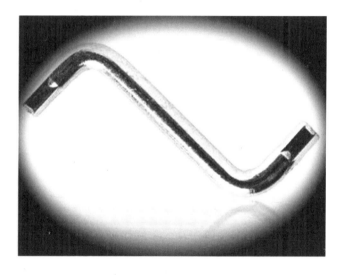

Chicks und IKEA-Filialen binden sich, ähnlich wie Schwäne, für das ganze Leben. Um junge und noch unerfahrene Chicks vor folgenreichen Fehlern bei ihren ersten IKEA-Ausflügen zu bewahren, wird diese Anleitung seit Generationen von Chick zu Chick überliefert:

1. Der Schlüssel zum gemeinsamen Ausflug zu Ikea mit dem Liebsten und somit der Verbündete eines Chicks ist der Hotdog. Da er nicht nur preislich günstig ist, sondern weil man auch beliebig viele Trockenzwiebeln und Essiggurken drauflegen kann, spricht er den Jagdtrieb im Mann an.
2. Vermeidet die Formulierung, ihr wolltet »nur durchbummeln«. Benennt besser ein eindeutig definiertes, mittelgroßes Möbel, das ihr braucht. Ein Billy-Regal zum Beispiel. Das gaukelt ihm vor, man müsste nur ebendieses raussuchen und könnte dann, nach einem Hotdog mit viel Trockenzwiebeln und Essiggurken, nach Hause fahren.
3. Es ist von Vorteil, eine der angebotenen gelben Einkaufstüten mitzunehmen, die am Eingang bereitliegen. Auf den Einwand, dass man keine Einkaufstüte für ein Regal braucht, entgegnet ihm, dass ihr nur den Bleistift und den Notizzettel dort hineinlegen wollt, um die Position des Regals aufzuschreiben.
4. Die Sofa-Abteilung ist dazu da, die Sofas auf Komfort zu testen und ihre prinzipielle Kompatibilität mit dem Rest eurer Wohnzimmer-Einrichtung zu diskutieren. Lasst euch ruhig Zeit, es ist eine der ersten Abteilungen, zu diesem Zeitpunkt ist er noch frisch und unverbraucht.
5. Ein paar Meter weiter kann man die Überlegung, ob zu dem neuen Regal neue Gardinen oder passende Sofakissen ratsam wären, sehr vernünftig verwerfen – und stattdessen neue Bettwäsche in die Tüte stecken.
6. Notiere die Position des Regals im Lager, falls du es findest.
7. Jetzt kann er kurz verschnaufen, denn ihr braucht keinen neuen Tisch. Oder?
8. In der Kinderabteilung mit seinen Prinzessinnenbettchen und den Häschenbordüren kann ein plötzlicher, intensiver

Kinderwunsch auftreten. Das ist völlig normal und kein Anlass zur Sorge. Er klingt in der Regel in der Schlange vor der Kasse wieder ab.
9. Kehre kurz im Restaurant ein und stärke dich mit ein paar Köttbullar oder einem Graved Lachs mit Senfsoße. Der anstrengende Teil liegt noch vor euch.
10. Schreite die Stufen ins Erdgeschoss hinab und singe dabei »Oh Happy Day«!
11. Halte einen kleinen Diskurs über Effizienz und packe dann hundert Teelichter, zweihundert Servietten, eine Packung Strohhalme, Gefrierbeutelklammern, einen 6er-Karton von diesen hübschen Gläsern, eine neue Spülbürste und einen Pack Holz-Schneidebrettchen ein. Wo man schon mal da ist...
12. Und Glühbirnen, eine Steckerleiste und eine Klemmlampe.
13. Das Regal ist leider nicht auf Lager.
14. Sobald er sich an der Kasse anstellt, ist der perfekte Zeitpunkt gekommen, um noch schnell Bilderrahmen, Topfpflanzen und Duftkerzen zu holen.
15. Wenn ihr die Kasse hinter euch gelassen habt und während er an der Schlange für den Hotdog ansteht, könnt ihr in diesem kleinen Essens-Shop vorbeischauen und Preiselbeeren, Senfsoße und eine Packung Knäckebrot besorgen.
16. Er kann seinen Hotdog in Ruhe unterwegs zum Auto und mit je einer blauen Tüte auf den Schultern essen, ihr seid schließlich auch froh, endlich draußen zu sein. Das ist aber immer auch ein Gedränge bei IKEA.
17. Und mies gelaunt sein muss er jetzt wirklich nicht. Ist ja nicht eure Schuld, dass das Regal nicht auf Lager war.
18. Beginne mit 1.

Natürlich sind Chicks in der Lage, IKEA-Möbel selbst zusammenzubauen. Sie können ja auch ein Dreisitzersofa einen halben Meter in die Luft stemmen, wenn sie das Wohnzimmer umstellen wollen. Im Laufe der Jahre haben sich einige ergänzende Hinweise als nützlich erwiesen:

- Wenn in der Anleitung zum Aufbau eines Möbelstücks kein Akkuschrauber erwähnt wurde, ist trotzdem einer nötig.
- Bleiben nach dem Aufbau eines Möbelstücks Schrauben übrig, so handelt es sich vermutlich um Ersatzschrauben. Wie diese Ersatzknöpfe, die an Klamotten hängen.
- Bei dem Zusammenbau von Schränken und Vitrinen empfiehlt es sich, beim Zusammenschrauben nicht im Schrank oder in der Vitrine zu hocken, falls diese/r zusammenbricht.
- Sollte sich herausstellen, dass das Möbelstück in zusammengebautem Zustand doch nicht an die dafür vorgesehene Stelle passt, ist dies der passende Moment, mit der Neugestaltung des Wohnzimmers zu beginnen.

VERSTÖSSE

Verstöße gegen den *Chick Code* werden dem Verstoß gemäß geahndet. Da jeder einzelne Verstoß einem ungeheuerlichen Verrat gleichkommt, könnt ihr euch ungefähr vorstellen, wie schlimm es wird.

Nichts verschließt das Herz eurer Lieblings-Chicks schneller und unwiederbringlicher als eine willentliche Grobheit oder ein unachtsames Geknutsche mit dem Falschen. Vergesst nicht: Ein Chick zu sein ist ein Privileg, das euch eure Freundinnen verleihen, ohne sie ist ein Chick nur ein einsames Huhn.

STRAFMASSNAHMEN

Falls doch etwas passiert und das Kind schon in den Brunnen gefallen ist, sollen euch diese Sanktionen zur Inspiration dienen:

- Keine Herzchen und kein Anstupsen mehr auf der Facebook-Pinnwand
- Dasselbe Kleidungsstück, das sie gerade anprobiert, zwei Nummern kleiner anprobieren
- Einem Chick auf Diät Schokolade mitbringen
- Zerschneiden des Freundschaftsbändchens
- Verschieben in eine Facebook-Freundesliste, deren Pinnwand das Chick nicht sehen kann
- Verpflichtung, alle Klamotten zurückzugeben, die sie von dem gekränkten Chick ausgeliehen hat – auch die »Leih-Schenks«, also die Kleidungsstücke, die dem gekränkten Chick nur noch theoretisch gehören, weil sie seit Jahren verliehen sind
- Verpflichtung, dem gekränkten Chick genau das Kleidungsstück abzugeben, auf das sie schon ewig scharf war – auch wenn es das Lieblingsstück ist
- Vor einem IKEA-Besuch nicht mehr fragen, ob sie was mitbringen soll
- Kein Anspruch mehr auf die Zigaretten des gekränkten Chicks, die auf dem Tisch liegen
- Zurückfordern des Regelwerks: *Miss Sex – wie ich auszog, die beste Liebhaberin der Welt zu werden*

Am allerbesten jedoch: Man geigt ihr einfach mal ordentlich die Meinung.

NACHWORT

Bei Unklarheiten und Rechtsfragen könnt ihr euch jederzeit an das Internationale Chicks-Gericht in Brüssel wenden, eine Facebook-Umfrage machen oder an Richter Alexander Hold schreiben.

Für angemessenes Outfit und Geschenktipps für euer Side-Chick werdet ihr unter www.chickcode.de fündig.

Mit konstruktiven Vorschlägen, Geschenken und Bauchpinselei wendet euch direkt an uns: Bei Facebook findet ihr uns unter oCCC – original Chick Code Club (http://de-de.facebook.com/ChickCodeClub).

Ansonsten wäre es uns zur allgemeinen Verständigung der Chicks aller Nationen sehr wichtig, dass ihr dieses Buch weiterempfehlt und all euren Chicks zu Weihnachten oder zum Geburtstag schenkt, gerne aber auch wildfremden Personen. Für uns hätte das den entscheidenden Vorteil, dass damit die Schuh- und Blubberwasser-Vorräte gesichert wären. Ihr könnt uns selbige aber auch direkt mit der Post zukommen lassen.

Herzlichen Dank schon mal und mordsmäßige Grüße,

Alex und Sue

DANKE

Chick chick hurra, es ist geschafft!!! Wir haben ein wichtiges Buch geschrieben. Natürlich können auch so außerordentlich talentierte junge Damen wie wir etwas derart Großartiges nicht alleine bewerkstelligen und haben dafür einen langen Rattenschwanz an Hilfs-Chicks, die uns sowohl seelisch-moralisch als auch mit Informationen und weltlichen Genüssen unterstützen.

DANKE sagen WIR dem Riva Verlag, hauptsächlich den Verlags-Chicks Birgit, Julia und Jennifer und den Gockeln Olli und Kasi sowie René Backes von der GRUNDY Light Entertainment GmbH, der uns aus reinem Eigeninteresse für eine Fernsehsendung miteinander bekannt gemacht hat.

DANKE sagt Sue: an Mama und die ganze Familie sowie Mama und Papa Schmidt für ihren unerschütterlichen Glauben daran, dass aus mir doch noch was wird; an mein Side-Chick Judith und all meine Chicks Juicy, Nina, Koko, Fe, Shorty, Nicy, Eva, GoGi, Sladji, Joletta, Angela, Mariela, Virginie, Claudi, Erika und Julia, an die 4 Musketiere Walter, Peter, Alex und Alex für hundertprozentige Treue und Loyalität, an Marianne für die Erfahrungen ihres Sohnes mit Chicks und WooHoo-Girls, an Alex27 für seine Beobachtungen, tröstenden Worte und viel Begeisterung, an Lady Gaga für den Soundtrack beim Schreiben und natürlich an Alex Reinwarth für ihr Vertrauen, dass ich ein halbes Buch schreiben kann.

DANKE sagt Alex: an alle Chicks, die Sue noch nicht namentlich aufgezählt hat, und natürlich an Sue – dafür, dass sie das halbe Buch geschrieben hat.

Das Original!
Barneys Regelwerk für echte Kerle

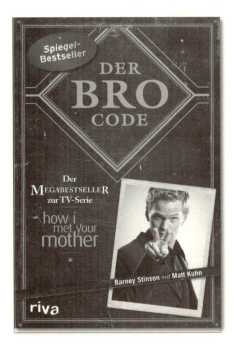

208 Seiten
Preis: 9,95 € [D]
ISBN: 978-3-86883-091-0

Barney Stinson *mit* Matt Kuhn
DER BRO CODE
Das Buch zur TV-Serie
»how i met your mother«

Jeder von uns hat einen inneren Verhaltenskodex. Manche nennen ihn Moral, andere Religion. Wir echten Kerle und unsere Brothers – kurz: alle Bros – nennen unseren heiligen Gral den Bro Code. Dieses Wissen ist über Jahrhunderte hinweg nur mündlich von Generation zu Generation weitergegeben worden. In diesem Buch erscheint der offizielle Verhaltenskodex für alle Bros erstmals in Schriftform. Nur wer sich an die Vorgaben und Regeln dieses altehrwürdigen Gesetzwerks hält, kann es zum perfekten Bro schaffen.

Der Bro ist zurück
75 perfekte Maschen vom Kultaufreißer

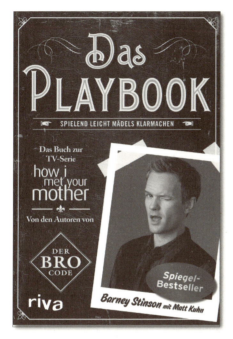

176 Seiten
Preis: 9,95 € [D]
ISBN: 978-3-86883-123-8

Barney Stinson *mit* Matt Kuhn
DAS PLAYBOOK
Spielend leicht Mädels klarmachen

Seit Anbeginn der Menschheit suchen Männer fieberhaft nach einer Antwort auf die drängende Frage »Warum bin ich hier ... und nicht im Bett einer heißen Braut?« Die Suche hat endlich ein Ende! Mithilfe des *Playbook* wird es jedem Kerl gelingen, auf schöne Frauen zuzugehen, ihre wahren Wünsche zu entdecken und diese zu nutzen, um die Mädels herumzukriegen.

Die 75 sturmerprobten Verführungstechniken des Aufreißer-Gurus Barney Stinson verwandeln jedes noch so schüchterne Knäblein in Nullkommanichts in einen Don Juan.

Der *Bro Code* zum Mitnehmen –
für den BRO ON THE GO

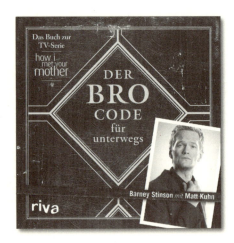

144 Seiten
Preis: 6,99 € [D]
ISBN: 978-3-86883-148-1

Barney Stinson mit Matt Kuhn
Der Bro Code für unterwegs
Das Buch zur TV-Serie
»how i met your mother«

Für alle modernen Bros hat Barney Stinson – der beste Bro aller Zeiten und Autor der Bestseller *Der Bro Code* und *Das Playbook* – dieses praktische und handliche Nachschlagewerk für unterwegs entwickelt. Mit seinen neuen Regeln und Weisheiten hilft der *Bro Code für unterwegs* allen Bros, sich in jeder Situation richtig zu verhalten – ob am Strand, in der Arbeit oder beim Date mit einer heißen Braut. Dieses unverzichtbare Handbuch lässt sich leicht in jede Männerhosentasche stopfen – und da gehört es auch hin!

Die Kult-Hörbücher

Barneys Regelwerke für echte Kerle

Barney Stinson mit Matt Kuhn
Der Bro Code

Preis: 9,99 € [D]
ISBN: 978-3-86883-157-3

Barney Stinson mit Matt Kuhn
Das Playbook

Preis: 9,95 € [D]
ISBN: 978-3-86883-186-3

Sie hat eine Mission

254 Seiten
Preis: 16,90 € [D]
ISBN: 978-3-86882-159-8

Alexandra Reinwarth
MISS SEX
Wie ich auszog, die beste Liebhaberin der Welt zu werden

Es ist das letzte große Abenteuer der Menschheit. Alexandra Reinwarth hat sich ein fast unerreichbares Ziel gesetzt: Sie will die beste Liebhaberin der Welt werden. Um diesen Titel zu erreichen, gibt sie wirklich alles: Sie lernt beim besten Callgirl der Welt, lässt sich in die Kunst der Lingam-Massage einweihen, schluckt Aphrodisiaka aller Art und macht Dinge, die nicht auf die Außenseite eines Buches gehören.

Lesen Sie, welche unbezahlbaren Erkenntnisse Alexandra Reinwarth gewonnen hat, warum ihr Schlafzimmer nun diverse Bohrlöcher größeren Ausmaßes sowie ein Brathuhn seine Unschuld verloren hat und was Sie über den farblichen Zusammenhang von Dessous und Handtaschen lernen können.

Dies ist nicht einfach nur ein Buch, dies ist eine Offenbarung.

Das Buch, das alle Glücksratgeber überflüssig macht

256 Seiten
Preis: 14,95 € (D)
ISBN: 978-3-86882-205-2

Alexandra Reinwarth

Das Glücksprojekt

Wie ich (fast) alles versucht habe, der glücklichste Mensch der Welt zu werden

»Dies ist kein Glücksratgeber. Ratgeber bringen überhaupt nichts, glauben Sie mir, ich habe viele davon. Wenn es nach meinem Bücherregal ginge, wäre ich schon längst schlank im Schlaf geworden, ich wäre die perfekte Liebhaberin, wüsste Wege in die Entspannung, es wäre egal, wen ich heirate, denn ich würde mich selbst lieben und ich würde mich nicht sorgen, sondern leben.«
Alexandra Reinwarth hat ihr Leben einfach selbst in die Hand genommen und es ein Jahr lang tatsächlich versucht: das Glück zu finden. Dafür ist sie weder vor dem Lachyoga-Seminar noch vor Bestellungen ans Universum zurückgeschreckt. Was sie in ihrem Glücksprojekt erlebt hat, ist so wunderbar und inspirierend, dass es Sie schon beim Lesen glücklich machen wird.

Wenn Sie **Interesse** an **unseren Büchern** haben,

z. B. als Geschenk für Ihre Kundenbindungsprojekte, fordern Sie unsere attraktiven Sonderkonditionen an.

Weitere Informationen erhalten Sie bei unserem Vertriebsteam unter +49 89 651285-154

oder schreiben Sie uns per E-Mail an:
vertrieb@rivaverlag.de

riva